日本再発見

ティムラズ・レジャバ

JN052933

星海社

291

SEIKAISHA SHINSHO

はじめに

駐日《ちゅうにち》ジョージア大使のティムラズ・レジャバと申します。

「日出《ひい》ずる国」――私の祖国ジョージアでは、日本のことをこう呼びます。日本への憧《あこが》れと敬意を、太陽の昇る方角に重ね合わせた表現です。

日本とジョージアは飛行機で15時間から17時間くらいの距離で、決して近いとは言えません。しかし、一見すると遠い国のように思えるジョージアと日本の精神性には、深いところで共通点があります。

たとえば、日本に茶道の文化があるように、ジョージアでは国のシンボルであるワインを飲むときに、「スプラ」という深い精神性を持った伝統的な儀式を行います。私は茶道を学びながらスプラのことを思い出し、日本とジョージアの文化が似ている不思議に感銘を受けます。

ジョージアの国土は北海道ほどの大きさながら、山があり海もあり、熱帯以外のすべての気候帯がありと自然に恵まれ、またヨーロッパとアジアが交わる文明の十字路として古くからの歴史と伝統を持っています。シュクメルリやカスピ海ヨーグルト、そしてジョージアワインなどジョージアの食文化は今や日本でも受け入れられていますが、それは自然や歴史を大事にする国民性が同じだからかもしれません。

私はそんな、日本から見て「遠くて近い国」であるジョージアに生まれ、幼少時に日本に渡って人生の半分以上を日本で過ごしてきました。これまで両国の間を何度往復してきたことか、もはや数え切れないほどです。

本書では、私が日本を深く知るジョージア人として見聞きし、体験してきた日本のすばらしい文化や興味深い伝統、外国人の目からすると奇妙に思える習慣など、日本人のみなさんが知らないさまざまな日本について語っていきたいと思います。

私は1988年、生物工学者アレクサンドレ・レジャバの長男としてジョージアの首都トビリシに生まれました。ジョージアは1991年に旧ソ連から独立し、ソ連崩壊後の92年に日本はジョージアの独立を認めています。まさにその1992年、私の父は広島大学大学院にて博士号を取るべく留学を決め、一足先に日本に渡った父の後を追って母とまだ

4歳だった私も来日しました。

私の祖父も遺伝学の研究者です。1978年に旧ソ連で開催された国際学会で、祖父が医者で研究者の角谷哲司《かどたにてつじ》先生と知り合い、角谷先生が産婦人科医院を営んでいた広島に父が留学できないかと祖父が相談したことで、私たち一家は日本に引っ越してきたのです。

ですからレジャバ家は三代にわたって、いえ、私が駐日大使として生活する中で生まれ育った私の子供たちも入れれば四代にわたって、日本と深いご縁で結ばれていると言えます。

4歳から8歳までは広島、その後、アメリカやカナダで少し生活しましたが、父がつくば市の理化学研究所で遺伝子解析の仕事に就くことになり、小学校5年生のときに再び日本に戻ってきました。そこから小中高大と、日本の学校で過ごしました（高校時代に1年間、祖国ジョージアに留学しています）。そして早稲田《わせだ》大学を卒業後、新卒でキッコーマンに入社して3年間働き、その後、ジョージアで起業しましたが、縁あって駐日ジョージア大使となり、2019年から再び日本で暮らしています。

日本は私にとって、かけがえのない第二の故郷です。

私は外国人でありながらも、日本のみなさんと同じような教育を受け、その時代の日本ならではの経験をしてきました。

日本の小学校に通い、放課後には友人の家で『パワプロ』（TVゲーム『実況パワフルプロ野球』）をやったり、「プロ野球チップス」のカードを集めて友人たちと交換したり、あるいは学校でバトエン（「バトル鉛筆」）に熱中したり、はたまた遊戯王カードを持ち込んで先生に怒られたりした経験もあります。小学校の授業は午後4時には終わりますが、私の両親は共働きで6時までは家に帰ってきませんでした。ですから放課後には野球、ドッジボール、キックベースをしたり、児童館や公民館で本を読んだり、「ひがのや」という大好きな駄菓子屋さんにみんなで行ったりしました。思い返すと、どの遊びにも日本ならではの工夫があったと感じます。

一例を挙げると、日本の駄菓子には「当たり」があります。当たると同じお菓子がもうひとつもらえたり、好きな駄菓子と交換できる商品券がもらえたりしますよね。子供のころ、100円が当たると最高の気分でした。しかし実は、このような子供を楽しませるしかけは、私が知る限りジョージアや北米では見かけることがない、日本独自の文化なのです。

遊びだけではありません。教育に目を向けても、給食をみんなで食べたり、掃除をしたりという時間や習慣は、ジョージアの学校のカリキュラムには存在しません。私も小中高時代には学校の廊下を掃除しましたが、体育館の掃除の際にこっそりバスケをやったり、武道館の掃除の際にはそこに並んだ卓球台の誘惑に負け、ついつい友だちと勝負したりしました。もちろんバレて桜井先生に怒られたわけですが、今となってはそれもいい思い出です。そういったことまで含めて日本の日常の風景であり、文化のひとつだと思っています。

早稲田大学に通っていた学生時代には、東京都文京《ぶんきょう》区の目白台《めじろだい》にある和敬塾《わけいじゅく》という学生寮《りょう》に住んでいました。ここには在学中の村上春樹も住んでいたそうです。学生寮自体はどの国にもあり、珍しいものではありません。しかし、日本の寮では何よりも「集団ありき」の行動を求められるところが、おそらく他国の寮とは異なります。私は和敬塾で日本らしい集団のメンタリティの良さを学びました。

新卒で就職したキッコーマンは、日本企業の中でも特に日本的な会社だと言っていいと思います。幼少期から日本に住んできた私でも、日本らしい企業特有の慣習や集団の力学には、驚くことがたくさんありました。

また、先ほども少し触れました通り、私には5歳と3歳と1歳の娘がおり、妻子も日本で生活しています。上のふたりの子供たちはバッグを背負って、自ら近所の保育園に登園します。これをジョージア人に話すと、その自立的な様子に驚かれます。「そんな小さな子供が、よく自分で行けるね」と。

ジョージアは世界の中でももっとも治安が良い国のひとつであり、子供がひとりで町中をフラフラ歩いていても犯罪に巻き込まれる危険性は低いのですが、それでも親が世話をして、子供を送り迎えするのが当たり前なのです。こうした細かい点のひとつひとつに、日本らしさが感じられるのです。


断っておきますと、私は日本の文化や歴史の研究者ではありません。ですが、私には、今述べてきたように、ほかの国の駐日大使や日本通、知日派の外国人でもなかなか経験していないようなことを経験してきたという自負があります。大学やシンクタンクなどで勉強・研究しただけではわからない日本の一面も、自分なりの経験を通じて深く理解してきたつもりです。そしてそれは今の駐日大使の仕事にも活かされています。

私は日本とジョージアの両方の良さを経験し、間に立つ存在として、適切な距離感でそれぞれを客観的に評価できるのではないかと自任しています。学術的な蓄積《ちくせき》に基づいた専門的な見方ではありませんが、自分が関わってきた日本の文化、社会、人々について、この本では論じたつもりです。

外側から見た日本の姿を知りたい日本の方には「ああ、あれは日本独特のものだったのか」と改めて発見していただきたいですし、日本に関心のある日本人以外の読者の方には、日本文化の本当の入門書のひとつとして、観光しただけではなかなかわからない日本の旨味、良さをお伝えしていきたいと考えています。

目次

第四章 日本人の働き方 111

第五章　日本のすごい食文化　147

第六章　茨城散策と地元の歴史の再発見　187

第七章　日本社会の背後にあるもの　223

第一章
日本の伝統文化

日本を理解することは外交官としてのミッション

世界にはいろいろな国があり、いろいろな人種がいます。日本には自分たちの言語、文字、文化、伝統、文学、芸術もあればアニメ、マンガのような「日本といえば」と言われてすぐに思いつく特有のポップカルチャーまであります。「これぞ日本」「日本人」と言えるもの、説明できる要素がたくさんあります。日本人はこのことを幸せに思うべきだと思います。

国によっては、「自分は○○人だ」と言っても隣り合う国と同じ言語、文化、民族であることもままありますし、そのせいでナショナル・アイデンティティのゆらぎが生じたり、むりやり隣国との違いを求めることになって軋轢《あつれき》や差別が生まれたりします。あるいはひとつの国の中に異なる文化や宗教、人種同士を有する人たちを包摂するために莫大な労力をかけなければいけないケースもあります。

そんな中で、国民がおおよそ共通した言語を話し、年間行事や祝日の大半を共有し、さらに「日本の文化といえばこれ」「日本の食といえばこれ」といった「日本っぽいもの」のイメージが諸外国に広く流通している。これは日本の大きな財産です。

ジョージアにも土の中に埋めたクヴェヴリという器で発酵《はっこう》させて製造するジョージアワ

インをはじめ、ジョージアらしい独自の文化がたくさんあります。しかし、ジョージアの場合は国が小さく、世界からすれば、ジョージアのことをよく知っている方が珍しいのも事実です。だから外国の方と話すときは「ジョージア人？　ジョージアってどこにある国？　何語を話すの？　どういう文化があるの？　ふだん何食べてるの？」といった素直な質問から入ることの方が多いかもしれません。むしろ、初対面の外国の方に「ヒンカリとハチャプリが大好きなんだ」「ワインの発祥の地だよね」「ジョージアの民族合唱すごいよね」などとコメントをいただくと「よくご存じですね」と珍しく思います。

けれども日本なら「ああ、日本人ね。アニメ！　スシ！　ゲイシャ！」みたいなステレオタイプは、最低限国際的な認知を得ています。そのくらい著名な文化があるわけです。これ自体が、全世界に200近い数ある国の中では稀有《けう》な部類だと言えるのです。

私は日本在住期間が長いですが、日本文化に関してより注目するようになったのは外交官の仕事に就いてからです。ジョージアから要人が来た際に、滞在時間が限られているなかで楽しんでいただき、日本に対して最大の良い印象を持って帰路についてもらうことが、私の外交官としてのミッションだからです。

もちろん、私と結婚するまではジョージアでずっと暮らしてきた妻や、日本で生まれ育った子供たちに楽しんでもらい、日本を知ってもらいたいという思いもあります。

ジョージアの要人に短い滞在時間で日本を最大限に味わっていただくためには、私自身がさまざまな知識、そして見どころを知っておかなければいけません。

私のおもてなし次第で、要人からの私への評価が決まるだけでなく、日本という国に対しての印象も変わります。日本に対して良い印象を持つ要職のジョージア人が増えれば、日本人のほうも「ジョージアの人たちは日本を大事に思ってくれている」と感じてくれるでしょう。それは今後の日本とジョージアの関係発展につながります。

私がX（旧ツイッター）でよくフォロワーのみなさんに「〇〇県の見どころやおすすめの食べものを教えてください」とおたずねしているのは、フォロワーの方々と交流したいという気持ちもありますが、切実にその情報を求めているからでもあります。

ただ、そうやって日本各地の魅力的な場所や行事、食べものの知見を日々深めているにもかかわらず、残念なことにジョージアから政治家や官僚、企業家、スポーツ選手などが来日する期間はたいてい1日か2日なのです。私はそのなかで相手とすばやく関係を築き、どこにお連れして、何を見てもらえばいいかを常に考えています。たとえば「この日はちょうど○○区で花火大会がやっている。用事が終わる予定はどこどこで○時だから、それから移動すれば十分間に合う」といったように。

ここで、大使として要人対応をするときの、私なりのコツや心がけていることをご紹介しましょう。

私の場合、ジョージア政府の上層部とはだいたい直接やりとりができる関係にあります。しかし、数ヶ月先の訪問の細かい旅程まではやりとりができないのが常であり、日程がいよいよ近づいてから一気に詳細を詰めることになります。いざ来日した際には、大統領や大臣クラスは、スケジュールがすべてスムーズであるようにしっかりと管理する部門があり、まず出席が必須の予定を滞りなく進行できるよう手配します。それを除いた、日本を案内できる時間は限られています。

私が要人のスケジュールを設計する上で意識していることは、遂行可能なスケジュールの120%以上の過密な案を提案することです。すると、相手はその中でいろいろと吟味した上でフィードバックしてきます。こちらが提案したもののいくつかは必ず却下されるのです。でもそれは想定済みです。むしろ、その取捨選択を見ることで相手の考えや方針が確認できるのです。

ジョージアから遠く離れた日本に来るとなると、個人的に滞在期間中にしてみたいこと、手に入れたいものなどに対するこだわりを持っているケースもあります。過去には盆栽《ぼんさい》、秋田犬のような日本らしい犬、禅ローズという日本独自のバラの花、特定の薬、工具、ウォシュレット、そしてなんと日本刀などを求められたことがあります。植毛《しょくもう》やちょっとした手術の依頼を受けたこともあります。いただく希望は実に多種多様です。外交官って、結構骨の折れる仕事なのだと少しはわかりましたでしょうか？（笑）

このように相手とキャッチボールをしながら、スケジュール案を組み替えたり削ったり新しい予定を入れたりして、最終的なスケジュールを固めます。この時点でも「詰めすぎ」くらいの方が融通がききます。「あれもこれもやりたかったが、時間の都合でこれはパスした」という場合、「次にまた来たときに行ってみたい」という期待を持って日本を発つことになりますが、スケジュールを少なめにしていたことによって、せっかくの滞在中にヒマな時間ができてしまったら愚の骨頂で、「日本はアクティビティに乏《とぼ》しい国」「やることがなくて退屈だった」という印象を与えてしまいます。

日本のいいところは、現地・現場の対応が非常に丁寧で細やかなことです。外国から来ているお客様であるとわかると特に心を添えて対応してくださることが多く、ジョージアからの要人もそれに満足して帰ります。読者の中には海外旅行の経験のある方もいらっしゃると思いますが、トラブルが起こって当たり前、声を荒げて交渉しないと満足するクオリティのサービスが得られない、といった国も残念ながらありますよね。でも日本にはおもてなしの文化があるので、あらゆる意味で信頼感があり、スケジュールを組むこちらとしても安心できます。

東京では、要人を明治神宮や豊洲《とよす》市場によくお連れします。ジョージア人も日本人同様に歴史が好きですし、日本は長いあいだ鎖国《さこく》をした国、自分たちの文化をずっと継承してきた国というイメージがあり、歴史や伝統に関心が高いのです。

それから日本には世界最大の魚市場がある魚の国というイメージもありますから、豊洲のことはみんな知っています。大統領や大臣もお連れしましたが、喜んでいただけました。ジョージアも一昔前よりは食の多様化が進んでいて、生の魚も食べられる人が増えています。最近ではみんなお寿司も食べます。

豊洲には卸売のお店もあって、そこでもともと築地にあった老舗《しにせ》の包丁店で包丁を買って首相にプレゼントしたこともあります。日本には刀のイメージもありますからね。

先ほど述べた通り、要人が来ると刀や盆栽、犬を買っていくことがしばしばあります。

どれも急に入手するのが難しいだけでなく、法律上の特別な許可や国外への輸送に関する知識やコネクションが必要ですから、あれこれ手を尽くして手配する経験をたくさんしてきました。

いつも心残りなのは、スケジュールの都合上、東京以外の土地を案内するのが難しいことです。本当であればお祭りや花火大会、お茶会、地方の名所や史跡も見てほしいのですが、それはなかなか叶いません。

関東近郊ではたとえば鎌倉は伝統的なお店もお寺も見られて雰囲気がよく、おしゃれな場所です。私も大好きな餡子《あんこ》のお店があって、製餡所で買ってはトーストに塗ったり、そのまま食べたりしています。

ほかにもたとえば和歌山の高野山《こうやさん》の奥之院《おくのいん》には全国の戦国大名など歴史的な人物のお墓があり、また、企業が亡くなった従業員や退職者を供養するために作った「企業墓」は各社の代表的な製品をかたどっていて、ロケットやコーヒーカップ、ヤクルトの形をしていて非常にユニークです。

日本は島も魅力的です。私は自動車免許の合宿で伊豆大島に行きましたが、そこで初めてくさやを買って食べました。トースターに入れてあたためると、想像をはるかに超える強烈なにおいがしました。要人におすすめするかといえば悩ましいところですが、一生忘れられない体験になることは間違いありません。

佐渡島《さどがしま》にも大学のプログラムで行きましたが、なぜあんなにすばらしいところがリゾート開発されていないのか、不思議に思いました。ジョージア人にとって、海といえば遊びの場所です。しかし日本では島や海沿いの町は商業の拠点というイメージが強いのでしょう。

このように、外国人に広く知ってもらいたい日本の魅力的な場所はたくさんあります。日本人が気づいていないものでも、もっとアピールしたり投資をしたりすれば観光資源になる、隠れた日本のいいところもたくさんあると感じます。

ジョージアからの要人はもちろん、日本で生活されているみなさんにも、日本各地を堪能してほしいと思います。もちろん私自身も全国に足を運び、日本の新たな面をこれからも知っていくことでしょう。

日本文化のもっとも洗練された形が皇室行事

私は外交官としてさまざまな皇室行事に参加させていただいております。なかには日本の方でもなかなか経験することのない、貴重な機会も少なくありません。皇室について、大使として見聞したことのいくつかをお話ししようと思います。

最初に私が皇居に足を踏み入れたのは、平成から令和へと元号が変わり、皇位継承が行われた即位《そくい》礼正殿《れいせいでん》の儀に、ジョージアのサロメ・ズラビシュヴィリ大統領とともに参加したときでした。

各国の首脳や外交団も顔をそろえていましたが、私たちはジョージアの伝統衣装であるチョハを着て参りました。そのときの様子がネットで話題になり、「『ナウシカ』みたい」「『スター・ウォーズ』みたい」とジョージアが一躍有名になりました。緊張しながら参列した儀式で、まさか民族衣装がここまで注目されるとは夢にも思っていませんでしたが、以来、皇居は私にとって思い出深い場所になりました。

皇居の中は日本人であってもなかなか入る機会はなく、当然ながら自由に撮影することは許可されていませんが、どんな場所なのか、どんなふうに儀礼が行われるのか、言葉でできるだけ表現してみたいと思います。

皇居前の広場は広く、何か行事がある際には、外交官などが乗る黒塗りの車でいっぱいになります。車はゆっくりと二重橋を渡って皇居の敷地内に入っていきます。私が即位礼以来いつも感じているのは、秒単位で計算された段取りのすばらしさです。皇室行事のとき、宮内庁の人たちはもちろん、皇室のおひとりおひとりがさまざまな点に配慮され、皇居を訪れる相手のことを思いやり、時間を守って円滑に進むように工夫をされておられることを感じます。

皇居の中では、どの立場の人がどの段まで上がれるか、どのお客さんをどの部屋に連れていくのか、どのフロアでお出迎えするのかといった序列が、床の色、つまり木か竹かといった材質によって示されています。また、建物の中に一切飾りやインテリアがないため、実際の空間以上の広さを感じさせます。もちろん、控《ひか》え室には椅子や机くらいはありますが、それだけです。ガラス張りになっており、室内のものよりも外のお庭を見て自然を楽しんでもらおうという狙いがうかがえました。余計なものが室内になく、建物と自然とが融合しているようにも思えます。何もないからこそ自然に目が向き、また、何もないからこそ自分自身の存在について考えさせられる空間でした。

「何もない」とか「自然」と言っても、ほったらかしという意味ではありません。庭は非常によく手入れされ、季節感を感じられるようなものに絞って、来場者に提示されています。

茶道でもそうですが、日本の表現方法は「この花は、こういうものです」とシンプルに示して終わりです。これは、日本人にとっては当たり前のことかもしれませんが、外国人にとっては奇異に映ります。なぜなら、我々はせっかく準備をしたからには詳《くわ》しく説明したくなってしまうからです。

茶道では、茶会を開いた方が「この器はこうです」「掛け軸には、こう書いてあります」「この季節だから、これを用意しました」とだけ淡々と伝え、あとは相手にありのままを感じてもらいます。他方、外国であれば「この模様の由来は○○年、××に始まり、私自身もすごく好きなもので、祖父との思い出を想起させるものであり、夏を感じさせる……」云々と長々語ることでしょう。ところが日本では、皇居の担当者がお庭を見て「このお花が咲いていています」とそっとひとこと説明するだけです。でも何もないからこそ、その一言が印象に残り、こちらでもっと知りたい、調べてみたいという能動性を喚起するのです。私はこのような、物事を少し控えめに紹介する日本のスタイルを「腹八分目」にちなんで「情報八分目」と呼んでいます。品があって良い姿勢だと感じます。

皇室は空間設計のみならず、行事の進行においても、緻密な計算と飾らないシンプルさが同居しているのが印象に残ります。日本の天皇家は126代、約2700年にわたって続く世界最長の王室ですが、長い歴史のなかでもっとも良い部分だけを残して継承しているのでしょう。

即位の際に行われる正殿の儀には歌もなければ踊りもなく、食事も提供されなければスピーチもありません。来賓は儀式が始まるまでただ待機し、式が始まると新たに天皇・皇后に即位されたお二方が出てこられて、美しい衣装を披露します。式自体は、大砲をどんと鳴らし、万歳をして終わりだったように記憶しています。それだけなのです。

翌日、森喜朗《もりよしろう》元総理がジョージアのズラビシュヴィリ大統領とお話しする機会がありましたが、森さんから「びっくりしたでしょう。大砲の音があったくらいで、ほかには何もない。これが日本式なのです」とお話しいただきました。非常に興味深く、たしかに大砲の音ひとつが強烈な印象を残す演出になっていました。儀式やお祝いというと、華美なほどすごいものであり、長々と盛大にやるものだという思い込みがありましたが、皇室行事はまったく逆で、引き算の美学が貫かれていたのです。

しかし手間を省いているかといえばそういうことではありません。先ほども言った通り、式のオペレーションは秒単位で設計されていましたし、いただいた招待状も手書きでひとりひとりに向けて書かれていました。招待された各国の要人は、コの字型をした大きな会場に座ることになっており、そこから天皇・皇后両陛下までの距離は相当離れていましたが、皆が両陛下の所作に集中できるような配置になっています。

皇室行事は、細心の注意を払って要素を削《そ》ぎ落とし、少しだけ残したものにその場の全員の意識が集中するよう構成されているのです。


ありがたいことに、皇居にはそれ以降も何度もお招きいただいています。

たとえば赤坂御苑《あかさかぎょえん》において陛下が各界の方をお招きしてお庭を披露する園遊会には、内閣をはじめ国会議員の方や各業界の有名な方、それから私のような大使も参ります。

また、新年に各国の外交団がご挨拶《あいさつ》にうかがう新年祝賀の儀には必ず参加し、一礼する機会をいただいています。私は民族衣装を着ていきますが、ときどきテレビでも取り上げられます。日本の正月はいつも晴れるのが不思議です。

実は新年祝賀の儀では、立派なお弁当をお土産《みやげ》としていただきます。巨大な鯛とおせちの詰め合わせです。そのおせちは甘さや味の濃さが際立っていて、日本の食べものにしては珍しいです。これは、おせち料理が元々は何日かかけて食べるもので、その間、腐らず、味が落ちずに持つようにお酢に漬けたり、煮込んだりといった工夫によって長持ちさせていた伝統を今でも踏襲しているからではないでしょうか。

おせちに加えて、牛蒡《ごぼう》が入った「花びら餅」もついてきます。私の隣に住んでいるお茶の先生にその花びら餅をお見せしたところ「こういう形のものは非常に珍しいですね」と驚いて、お茶の先生のさらに師匠にあたる方のところにお持ちしたそうです。すると、先生の先生は「これが本当の花びら餅です」とおっしゃっていたと言います。普通の花びら餅は味付けが甘く、牛蒡が餅から飛び出ているのですが、そのルーツとなった皇室のものはお餅が大きく、牛蒡が中に閉じてあって外からは見えず、甘くもありません。

おせちにしても花びら餅にしても最高においしく、いただいたものを家族や近隣の方々といっしょに食べることによって、良い縁起がもたらされるような気持ちがします。皇居にうかがった際にいただくお土産は日本最高峰のものばかりで、たとえば虎屋《とらや》が京都に本社を構えていたころから皇室に納めてきた「菊焼残月《きくやきざんげつ》」というお菓子も絶品です。

菊焼ではない、一般に手に入る残月もありますが、紋が付いて

菊焼残月

いないのです。見た目は味において重要な要素のひとつで、模様ひとつで感じられる味も変わります。菊焼残月は見た目も生地も餡もすべてがすばらしい、語彙《ごい》力を喪失するほどの絶妙なおいしさです。

菊焼残月を食べたとき、そのおいしさを日本のみなさんに共有したいと思って、私はXに感想を投稿しました。そのレビューをご紹介しましょう。

菊焼残月をもったいないと思いながらも食べてみました。手に取ったときに第一印象として感じたのは、重厚感だ。もちろん、どら焼き等を手にするとき、重厚感を感じることは割と普通ではないでしょうか。しかし何かそれとは違う、鉛のような金属質の重さを感じた。口に含んだ瞬間、最初に伝わってきたのは、甘さだ。市販のこのようなお菓子よりも甘さが強いということは、自信を持って言える。以前に何度か皇室のお土産、おせちなどの食べ物をいただいたことがあるが、どれにおいても味が濃い目だと感じた。おそらく余分な保存料を使わずに作るからではないかと考えたことがある。しかし、とにかく、必ず付け加えておきたいのはそれは決してしつこい甘さではなく、その甘みは味覚に悪い刺激を与えないということだ。かぶり付いた瞬間、自分がこのお菓子に魅了されていることがすぐに確認できる。膨らみのある形から予想していたよりは、生地の部分は薄い。焼き目が鮮明で、麺以外でこのような表現をしていいのか分からないが、コシがある。中の餡の輝きには目が眩む。色も独特で、赤みが強い印象だ。見事な漉《こ》し具合で、あまりに濃厚なことから、気泡ひとつも寄せ付けない雰囲気がある。まさに女夫《めおと》のように、生地と餡の調和が完璧だ。

そして食べながら何度となく「菊焼」ということを意識して、そのデザインの美しさがお菓子の魅力を深めていることを感じてしまう。

あまりにもおいしかった。たくさんの感覚が満たされた。完璧と言っては評価が低すぎる。これは芸術品に他ならない。

また、天皇誕生日にもお声がけをいただいております。天皇誕生日には各国の外交団からささやかながら共同でプレゼントをお贈りしています。タイの伝統細工など、持ち回りで各国ゆかりのものを選んでいますが、いつかジョージアワインも進呈する機会がいただけたらと思っています。サンマリノの大使がもっとも年長者で、日本への滞在期間ももっとも長いことから、外交団長となって各国の外交官をまとめ、宮内庁と折衝し、誕生日のご挨拶も担当しています。

この天皇誕生日の模様は新聞やテレビなどで報道されますが、実は参加者からは、どこから写真を撮っているのかがほとんどわかりません。撮影されているという意識がないのです。皇居はどこを取っても余分な飾りがなく、シンプルな空間ですから、普通に撮影しようとしたら非常に目立つはずです。ところがカメラマンの姿が見当たりません。ある年、「どこから撮っているのだろう？」と注意しながらあたりを見回すと、気づかれないように遠くからカメラのレンズだけがこちらを向いているのを発見しました。カメラのための隙間が用意されており、そのうしろにカメラマンがいるのです。

近くでバシャバシャと撮られると儀式や参加者同士の会話に集中できませんが、撮影の音も聞こえず、撮影者が極力視界に入らないようになっているという心づかいがこれまた非常に奥ゆかしく、品を感じました。

これに近いエピソードがあります。1999年にジョージアのエドゥアルド・シェワルナゼ大統領が来日した際のことです。シェワルナゼ大統領は旧ソ連時代に1985年から1990年まで外相を務め、東西ドイツ統一にも貢献したと言われる凄腕の外交官で、日本でも有名だったこともあって大々的にお出迎えされたそうです。

大統領とご一緒していた方から聞いた話なのですが、そのときの皇居での晩餐会《ばんさんかい》中に心地よい音楽が小さな音でずっと鳴っていたんですね。録音したBGMを流しているのかと思いきや、途中で「いや、生演奏で弾いているのだ」と気づき、最後に楽団がご挨拶をするという名目でカーテンが開けられ、演奏の様子を見せてもらったといいます。

何に驚いたかというと、その音楽を奏でていたのはなんと100人規模の大オーケストラだったのです。これほど手が込んだもてなしをしたならば、大抵の国であればこれでもかと見せつけ、なるべく「大きい」「きれい」「多人数」をアピールしようとするでしょう。ヨーロッパや中国の文化であればそうだと思います。ところが皇居では、奥ゆかしい気構えが至るところに表現されています。

また、2021年11月25日に行われた私の駐日特命全権大使就任の信任状捧呈《ほうてい》式、つまり正式に大使としての活動が認められるための式でも皇居にうかがいました。

このとき天皇陛下に対し、その国の大統領か首相が「この人物を我が国の大使と認めます」と書いた信任状をお渡しするのです。このときは東京駅の駅長さんがご案内してくださり、ふだんは開放されている東京駅前の丸の内側の広場をすべて通行止めにし、皇室所有のセンチュリーロイヤルという車に乗って皇居に入っていきます。

実は信任状捧呈式の際には自動車か馬車かが選べるのですが、私のときはコロナ禍でしたから馬は選べませんでした。それでも十分貴重な経験になりました。ふだんは皇室行事にお招きいただいても一礼するかひとことふたことご挨拶させていただくだけで、天皇陛下と直接お話しする機会はなかなかありませんが、このときは時間をいただくことができました。陛下はジョージアについてもいろいろな知識をお持ちで、いいお話ができたと感じています。

実は、皇室には静寂や簡素さとはまた異なるイベントもあります。埼玉県越谷市《こしがや》には宮内庁が管理する非常に自然豊かな鴨場《かもば》があり、約1万2000平方メートルの広大な元《もと》溜《だまり》と呼ばれる池に、毎年2000羽を超える野鴨などの渡り鳥が越冬のために飛来します。ここには野鳥を研究する施設も併設され、上皇陛下も研究のために訪れていらっしゃるとうかがっています。

この鴨場では、鴨が集まる冬場に宮中遊びとして、各国外交団を集めて鴨を何羽捕まえられたかを競う狩りが行われます。これが非常に面白いのです。

埼玉の鴨場には川から放射状に水路が引かれ、直線上にいくつも伸びています。そこに私たち外交官が専用のコートを着てブーツを履き、鴨を捕るために巨大な虫取り網のような網をかつぎ、狭い水路に入ります。各国の外交官がふたつのチームに分かれて、どちらが多く鴨を捕まえられるかを争います。

その場には鴨マスターのような方がいて、その方の合図によって鴨が移動します。それを見た私たちは「次はこっちだ！」と誘導され、全力で走って一斉に飛び始めた鴨を狙い、捕らえるのです。

鴨場では皇族の方がご案内してくださるのですが、各国の偉い大使たちが個性と欲望をむき出しにして自然の中を本気になって走り回る様子が見られる、なかなか経験できない楽しい機会です。この濃密な時間を経た後には、一同がものすごく打ち解けます。アナログな人と人との遊びがなぜ今も重要なのかを毎年体感できます。

鴨狩りが終わると伝統的な調理法に基づく鴨鍋が提供されてみんなでつつくのですが、

これまたトップレベルの美味なのです。それから、鴨鍋を待つあいだに外交官同士で話をしたり、写真を撮ったりという歓談の時間があるのですが、飽きないようにとシガーが置いてあります。皇室の菊の御紋が入った緑色の日本産シガーで、非常に珍しく、また美味なために、どの外交官も何本か持ち帰ります。

鴨狩りのように、岐阜《ぎふ》でも鵜飼《うか》いの行事があるのですが、残念ながら参加したことがありません。いつかうかがいたいと思っています。

静と動の振れ幅、自然と人間との調和を演出する工夫、引き算の美学などは、日本文化のそこかしこに見いだすことができるものですが、そのもっとも洗練された形が継承されてきたのが皇室行事と言えます。

お祭りは日本人の本気

お祭りは日本文化の理解に欠かせないものだと思います。私自身も日本のお祭りが大好きです。しかし、外国の方が日本に来るときに、お祭りを経験する割合がどれくらいかわかりませんが、きっととても低いのではないでしょうか。いつも、それをもったいないと思います。私のお客さんが日本に来るときも、タイミングよくお祭りに連れて行けることは少ないので、いつも歯がゆい気持ちになります。

多くのお祭りは1年がかりで準備します。大きな神輿《みこし》を担《かつ》いだり、ねぶたを出したり、踊ったりするなど形は違えど、たくさんの人が力を合わせないと実現できないものを表現しています。

それを見るたび、「和の力」のようなものを感じて、これぞ日本人の団結の象徴だと言いたくなります。それこそ、重い神輿が軽々と上がり左右に傾く姿を見ると、この力がどこからきているんだろうかと驚愕《きょうがく》させられます。大きな目標に向かって集団で力を合わせる、日本人の本気がよく表れた行事だと思います。


ジョージアと日本では、お祭りの趣旨や雰囲気がいくらか異なります。

ジョージアでは「テーマ」でお祭りをやります。毎年春分の後に行われる復活祭（イースター）などですね。もちろん日本のように地域で行う祭りはありますが、また少し形が違います。

対して日本では、地域ごとに独自のお祭りがあります。もともとは豊穣祈願であるとか、年に一度死者の霊魂をお迎えしてまた送り出すとか、それぞれの地域にそれぞれのお祭りがあるのです。そして、日本ではお祭りを行う「地域」の単位が小さく、ローカルです。「地域の祭り」と言ったときにみなさんが想像されるのは「東北地方の祭り」「関西の祭り」、あるいは「日本の祭り」ではないでしょう。そういう単位でのお祭りは、ほとんど存在しないのではないでしょうか。

日本では小さいものでは町内会、大きくても市町村単位ごとにお祭りが行われていて、そのひとつひとつに特色があります。これが非常に日本らしいと私は思います。そこに住む人たちが感じている共同体の単位とお祭りの大きさは、ひょっとしたら紐付いているのかもしれません。あるお祭りを「地元の祭り」だと感じる人のいる範囲が、その地域の範囲と重なるのではないでしょうか。

たとえば青森県には青森市にねぶた祭り、弘前《ひろさき》市にねぷた祭り、八戸《はちのへ》市に三社大祭《さんしゃたいさい》などがありますが、弘前の人たちは青森市のねぶた祭を「自分たちの祭り」「地元の祭り」だとはまったく思っていませんし、逆もまたしかりです。県外の人からすれば「青森の祭り」とひとくくりにされますが、それは当地の人たちがそれぞれの祭りに抱く感覚、「地元」だと思う範囲とは違うのです。

つくば市に住んでいた幼少期には、そうした「地元の祭り」、それも小規模なものにあちこち足を運びましたし、今もお誘いを受けて全国各地のお祭りにうかがっています。

たとえばリョウタという友人に誘ってもらって、マグロで有名な静岡県焼津《やいづ》市の荒祭《あらまつり》に行ったことがあります。毎年8月12日から13日、お盆の時期に行われ、祭りの参加者が白装束を着て朝から夜中までひたすら神輿をケンカのように担ぎ手が交替しながら町を回るというもので、相当な迫力があります。

私も地元の方々のご厚意で参加させていただきましたが、神輿を担ぐためには追い出し追い出されながらタイミングを見てうまく近づくしかないのです。最初は神輿にうまく入れないから「外人、どけ！」と怒られたりもしました。それでも何度もチャレンジして混ぜてもらっているうちに、不思議と一体感が湧いてきて、認めてもらえたような気持ちになっていきました。大人の男性が何十人がかりで担ぐのですが、それでもずっしり重いですし、なにしろ祭りは長時間にわたりますから、肩や腰への負担もすさまじいです。

荒祭では、神輿が歯医者さんやスーパー、工務店など、地域のみなさんがお世話になっているお店や会社の前に止まって何度も「アンエートン！　アンエートン！」と盛り上げて敬意を表します。この祭りに小さいころから通っていたリョウタに「日本の祭りはすごいね。地域の共同体の強さ、結束力を感じる」と言ったら「いや、そんなのは関係ない。

楽しくてやってるんだ」と言われましたが、自覚があるかどうかはさておき、祭りを通じて郷土愛を深め、お互いリスペクトし合い、支え合っていこうという気持ちを深める効果はたしかにあるでしょう。

そして祭りの翌朝、疲れ果てた身体でマグロ漁をしている地元の名士のお宅にお邪魔し、その日とれたばかりのお魚をいただきましたが、もう最高でした。そのマグロは間違いなく人生で一番おいしいと感じました。そして朝方にふとんに入って泥のように眠って起きると、その日の夜に花火大会があるのです。

インバウンド観光客向けにはあまり宣伝していないようで、外国の人はほとんどいませんが、ぜひ海外からも観に来てほしいお祭りです。

荒祭のような大型のお祭ではありませんが、私のわりと近所の多摩川《たまがわ》駅前にある多摩川浅間《せんげん》神社のお祭りもまた違う趣《おもむき》があります。

ここはふだんは夜7時か8時に散歩に出るとほとんど誰もおらず、静寂に包まれている住宅街で、なかなかご近所の方とも顔を合わせる機会がありません。でもお祭りの日には夕食どきに町中にたくさんの人がいて、屋台をのぞいたりしています。近くに住んでいてもなかなか交わらない人たちが集まり、ふだんはないような人同士の交流が起こるという、地域の一体感、あたたかみやぬくもりを感じられました。都市部でも、お祭りがあるかないかではその街への印象や帰属意識が大きく変わるように思います。

お祭りといえば花火ですが、花火もジョージアと日本では楽しみ方が根本的に異なります。ジョージアでは新年に花火を打ちますが、基本的に個人ベースで市販の花火を買ってきて、各家庭のベランダから外に打ち出します。その様子は美しく、感動します。はしゃぎすぎて花火に当たってケガする人も出るほどです。ただ日本のような花火職人はいません。

日本は企業がスポンサーになり、花火師が色の演出やパターンまで1年がかりで準備をして花火大会を行い、観客は次は何が来るのだろうと空を見上げながら楽しみますよね。

2022年8月には新潟の長岡まつり大花火大会にうかがいましたが、ジョージアと日本の国交樹立30周年の記念日だったこともあり「レジャバ大使が来ています」とアナウンスしていただきました。妻は来日してすぐにコロナ禍に入ってしまい、子供たちも含めて家族が日本の本当の良さを体験できるようになったのがようやく2022年の夏ごろからだったのですが、初めて見た大型の花火大会に感動してくれて、とてもうれしかったです。

日本では地域ごとに本当に祭りのスタイルがさまざまですし、規模の大小にかかわらず特色があり、良さがあります。日本に限らず世界も含めてさまざまな土地のお祭りを体験することで、みなさんも地域の特徴や、その祭りが参加者、住民たちにいったい何をもたらしているのかを改めて認識できるのではないでしょうか。

むやみに情報を与えない茶道のわびさび

私が日本の文化史のなかで好きな人物をふたり挙げると、ひとりは千利休《せんのりきゅう》、もうひとりは吉田《よしだ》兼好《けんこう》です。

ご存じの通り、千利休は茶道にさまざまな新しいものを持ち込み、ひとつのスタイルを完成させた人物ですね。利休は季節や表現に対する美意識、礼儀への態度、おもてなしの精神——それらの持つポテンシャルを汲み取り、一貫した世界観を作り上げました。利休は豊臣秀吉《とよとみひでよし》と強固なパートナーシップで結ばれており、金ぴか・派手好きの秀吉とは対照的に、無駄を削ぎ落とすことで立ち上がってくる「わび」の精神を伝えました。最期はプライドの高い秀吉の不興を買って切腹を命じられてしまいましたが、後世までの影響力を考えても、間違いなく日本文化史上、屈指のヒーローなのではないかと思います。

そんな利休へのリスペクトもあり、茶道には少なからず関心があります。

私がいま住んでいる家のお隣には茶道の先生の邸宅があり、ときどきお招きいただいて茶室にうかがっています。お茶はかしこまって計画して準備して参加するよりも、ふらっと行って楽しむのが最高です。先生も「季節は企画するものではなく、自然にやってくる」とおっしゃっていました。もちろん、来客をもてなすご準備をなさる先生は大変だと思うのですが、お客さんに「これだけ準備したぞ」という大仰さを感じさせないのが茶道の奥ゆかしいところです。

茶道は季節に対してとても敏感です。日々が忙しなく過ぎていき、四季のあわいを忘れそうになっているときほど、お茶に参加すると自分が置かれている状況を見つめ直すことができ、感覚をリセットできます。気ばかりが焦っていたような状態からクールダウンし、過ぎ去っていくときを、季節の移ろいを感じることができ、ひと息つけるのです。

茶室という空間は、中に入ると簡素で、だからこそその場に心を集中させて楽しむことができます。きらびやかな装飾品や美術品をこれみよがしに空間に配置し、そちらに関心を向けさせるようなスタイルではありません。

しかし茶室の中は決して、何もないつまらない場ではありません。登場するものそれぞれに意味があります。たとえば掛け軸にしても、年末には「看々臘月尽《みよみよろうげつつく》」と書かれたものが掛けられていました。「看々」は「よく見なさい」という意味であり、「臘月」は十二月の別名です。月日の流れは速く、もう十二月も終わってしまう、だから一日一日を大切にしなさい――年を振り返り、ひいてはあっという間に終わる人生を大事にしなさい、というメッセージです。

お茶に行くたびに、さまざまなことに気づかせてもらっています。先生がお召しになっている着物、あるいはお茶の器、お茶請けのお菓子ひとつひとつに名前があり、歴史があります。それを先生が説明してくださるのですが、蘊蓄《うんちく》を延々と語り、むやみに情報を与えるようなものではないのです。やはり情報を絞り、しかしそれによって何かこちらの考えを促し、気づきを与えるような言葉の配置の仕方なのです。

お茶の前と後では、気分が驚くほどに変容します。とてもほっとするひとときを味わうことができます。私は良いご近所さんがいらっしゃるおかげで、日本の精神文化のもっともすぐれた部分を体験できていると、いつも感謝しています。

現代人は普通に生きているだけで情報のシャワーを浴び、「あれをやらなきゃ」「次はこれだ」と何かに急き立てられがちです。しかしお茶の時間はあえてお客さんに与える情報を絞ります。そうすることで外側から追われるのではなく、自分の時間を取り戻し、内面や内発的な動機を改めて見つめることができるのです。

『徒然草』に感じる実用の精神

私が千利休と同じくらい好きな文化人が、鎌倉時代から南北朝時代にかけての文筆家・兼好法師こと吉田兼好《かねよし》（卜部《うらべ》兼好）です。日本三大随筆のひとつ『徒然草《つれづれぐさ》』を書いたことで知られています。『徒然草』は今でいうエッセイが綴られていますが、小咄《こばなし》のようにオチがあって面白く、教訓になります。非常に日本的な考えや機微、機転の利いた話が詰まっていて、私は兼好法師の文章に実用性を感じます。

たとえば木登りの名人の話がそうです。

木登りで高名な男性が、弟子を高い木に登らせて小枝を切り落としていました。この師匠は、弟子が見るからに危ない場所にいるときには何も言いません。でも軒先まで降りてくると「ケガしないように気をつけろよ」と声をかけます。弟子が「師匠、こんな高さだったらたとえ飛び降りたとしても大丈夫でしょう。なぜ今になってそんなことを言うんですか？」と聞くと、名人は「下を見たらクラクラするような高い場所に立っているときは誰だってこわいから気をつける。だけど事故は一見すると安全に思える場所で、気がゆるんだときに起こるんだ」と答えた――というものです。

エッセイは別に役に立つ何かを言う必要は必ずしもないわけですが、日本人は便利の精神を徹底的に追求するのが好きですよね。その典型がたとえばコンビニです。きれいで、品揃《しなぞろ》えが豊富で、さまざまなサービスがあって、店内のすべてのスペースに経験やデータから得られたノウハウが反映されています。『徒然草』にはそれにも通じる、「些細なことからそこまで考えるの？」という日本人らしい細やかさ、こだわりを感じます。

『こころ』で知る日本人の心理

日本の近代文学では、夏目漱石《なつめそうせき》の『こころ』や志賀直哉《しがなおや》の『小僧の神様』『和解』、それから芥川龍之介《あくたがわりゅうのすけ》の『芋粥《いもがゆ》』『羅生門《らしょうもん》』『手巾《ハンケチ》』に感銘を受けました。芥川の場合は、人物像に憧れたと言った方が正確かもしれません。いずれの作家も心情描写に優れた美しい文章の書き手です。もちろん、村上春樹も読みます。

漱石の『こころ』には特に影響を受けました。『こころ』は自殺を扱った小説ですが、なかなか感情を表さず、容易には内面を理解しがたい日本人独特のメンタリティを分析し、誰もが感じてはいても言語化してこなかったような深いディテールで表現しています。日本人の心理を理解したいという人に、私は漱石の『こころ』を勧《すす》めます。ただ、『こころ』に手を出したら読んでいる期間中、まるっきり世界が変わることをあらかじめ注意しておきます。

私はあるとき、『こころ』がどんな影響をもたらしたのか、日本の中での位置付けが気になりました。もちろん高校の教科書に出てくるし、存在感が強いのはよく知っています。しかし、生活の中で『こころ』について話している人を見たことはありません。

もっとも、日本人はふだんの生活の中で芸術や文学に関して話すことが少ないのだと思います。ジョージアでは日頃からわりと好きな芸術について話す習慣がありますが、日本の場合は、そういう個人的なことがあまり社会に出ないのが常です。代わりに、そのような個人の嗜好を表現するためのサークルや会が日本ではよく普及しているし、活動も活発でレベルも高いです。日本は決まったところでしか、自分を表現しないのです。

その点、私は積極的に自分の感性や考え方を躊躇《ちゅうちょ》なくひけらかします。私がXで多くの方に注目していただいているのも、まさに日本では珍しいそういった姿勢も関係あるかもしれません。少し、恥ずかしいですが。

さて、肝心の『こころ』に話を戻すと、あるとき私は友人の女性に聞いてみました。「『こころ』読んだことある？」と。私は、どちらかというと女性と話す方が好きです。なぜなら、女性の方が感情が繊細《せんさい》で、なんとなく波長が合うからです。女性はどこか人生のことを現実的にだけではなく、芸術的にも考えている気がします。特に日本の女性は、美感もあるし、奥が深いと感じます。

そして、この友人から返ってきた答えに私は驚かないわけにはいきませんでした。「読んだときに、心に穴が空いた感覚だった」と言うのです。それを聞いたときに、私が求めている答えが見つかった気がしました。日本人は表現しないだけで、実は『こころ』に関して大きなものを中に秘めているとわかりましたし、やはり、夏目漱石は日本人に大きな影響をもたらしていると確認することができました。胸の内を明かしてくれたその女性に感謝したいと思います。

文学に限らずマンガやアニメでも、たとえば宮崎駿《みやざきはやお》の映画を見ても、日本人は心理描写が巧みです。他国のフィクションと比べた場合にその掘り下げ方、細やかな部分への気づきは、特異でもあります。

私自身、そうした日本の作品から刺激を受け、在学中は早稲田文芸会で小説を書いたり、電子書籍を制作したりもしていました。

最近は忙しくてなかなかできていませんが、その後も頭に浮かんだアイデアをメモに残し、朝夕に机に向かって小説を書き続けています。これまで日本語、英語、ジョージア語で執筆した作品をすべて合わせれば20編くらいになるでしょう。創作は自分との闘いですから、一生かけて良いものを書きたいと思っています。

実はジョージア人の古い世代は日本の文学や映画が大好きです。日本独特の俳句や短歌の世界に魅了される人がたくさんいるんですね。黒澤明《くろさわあきら》、石川啄木《いしかわたくぼく》、芥川龍之介、安部公《あべこう》房《ぼう》などの名前は年配の方なら誰でもよく知っています。安部公房はジョージアではとても有名で、その名を冠した和食レストランがあるほどです。もっとも、若者の間では文学よりも日本のアニメが人気で、最新のアニメやキャラクターの名前を、日本に住んでいる私よりもはるかによく知っています。

相撲の伝統と儚さ

ジョージアでは日本の相撲《すもう》は有名です。私は子供のときはそれほど相撲を熱心に観ていませんでしたが、ジョージア人力士《りきし》であり歴史上初のヨーロッパ出身の関取《せきとり》となった黒海《こっかい》が頭角を現してきた2000年代初頭から、相撲に関心を抱くようになりました。自国出身の力士がいることは誇りでしたし、そこから相撲自体に興味が湧いて、朝青龍《あさしょうりゅう》をはじめとするさまざまな力士を好きになっていきました。

ジョージア人からすると、日本は伝統を大事にすると同時にテクノロジーも発展している国として昔から憧れの対象でした。しかし物理的に遠いため、直接的なアタッチメントがなかなかできません。知識としてなんとなくは知ってはいても、日本に友人がいる人もまれで、実際の日本を知っている人はごく少数でした。

ところが黒海が、続いて臥牙丸《ががまる》が現れ、そして栃ノ心《とちのしん》というジョージア出身力士のスーパースターが誕生したことで、ジョージア人は一気に日本を身近に感じるようになりました。ジョージア人はもともと格闘技が大好きで、チダオバというジョージア独自のレスリングがあり、実はチダオバも土俵《どひょう》のような丸いリングで戦います。それもあって相撲のスタイルにすぐに親しみを持つことができたのではないかと思います。

栃ノ心たちの登場により、ジョージアで相撲を見る人は驚くほど増えました。大相撲の中継は日本では夕方4時くらいから6時までですが、このときジョージアは昼の11時から午後1時までです。私がジョージア外務省に勤務していたとき、真っ昼間にもかかわらずみんな仕事そっちのけで、栃ノ心を観るためにPCの前に張り付いていたほどです。

相撲には、まず純粋な競技としての魅力があります。私が思うに、相撲にはふたつの楽しみがあります。

ひとつは、大局や流れを見る戦略的な楽しみ方です。大相撲は年に6場所あり、1場所は15日間、ひとりの力士が1日に1人と戦い、その勝ち星の数で優勝を競います。自分の推しの力士がいる人は、その日の取り組みで果たして勝てるのかと毎日ハラハラします。その力士は今日誰と戦うのか、その相手とは前回はどんな戦いをし、これまではどんな対戦成績なのか、果たして今場所の調子はどうなのか、負け越したら地位陥落が決まっている角番の大関だけどケガをしていて果たして大丈夫か、など戦況を見ながら応援する楽しさです。

もうひとつ面白いのが、実際のバトルです。実際のバトルといっても、相撲は両者がぶつかる立ち合いの前からすでに勝負が始まっています。一度競技が始まってしまえば数秒、せいぜい20秒以内で勝敗が決まることがほとんどです。

一方で、力士同士が睨《にら》み合う時間は幕内力士で4分までと決まっていて、基本的には制限時間いっぱいになってからスタートします。土俵で相手とにらみ合う時間も勝負の一部で、そこで互いに調子を推測しながら、いろんな流儀に基づいて塩を投げたりといったパフォーマンスをするわけですが、勝負前から力士のオーラが出ていますよね。

興味深いのは、たとえばものすごく調子のいいときの朝青龍と、その場所で1勝9敗で負け越しが決まっている力士が戦うときには、立ち合いの前から「こっちは勝ちっこない」と目に見えてわかってしまうことです。今のは極端な例ですが、実際に勝負する前から微妙な駆け引きが立ち合いにはあり、そこからして目が離せないのです。

外国人は「なぜひとつひとつの試合の前に、こんなに時間がかかるんだ」と思いがちなのですが、「溜め」の時間からしておいしい見どころなのです。大相撲の会場で力士同士の表情を観察していると、決して展開が遅いスポーツだとは感じません。

私はテレビで観戦するのも好きです。テレビやラジオでは、アナウンサーが各力士がその場所で何勝何敗なのか、先場所はどんな力士にどんな勝ち方や負け方をしたのか、この場所はここで負けることがどんな意味を持つのかといったストーリー、相撲の見方を詳しく教えてくれる良さがあります。相撲の「戦う前から勝負が始まっている」という点は、私がラーメン屋に見いだした「店に並ぶところからラーメン体験が始まっている」ことに通じるかもしれません（ラーメンについて詳しくは第三章、第五章をご覧ください）。相撲もラーメンも、体験のプロセスの設計に日本らしさがあるのです。

もちろん競技としてエキサイティングなだけでなく、相撲は日本文化の中枢のひとつと言っていいでしょう。伝統が長く、それだけ奥深い、非常にユニークな格闘技です。私の日本理解に関しても大きな影響を与えてくれました。

相撲はすべての要素に文化があり、伝統があります。たとえば「大銀杏《おおいちょう》」と呼ばれる「まげ」については、十両以上の力士の髪型を作る職人がおり、力士が所属する相撲部屋には必ずおかみさんがいて、部屋の日々のさまざまな調整をし、我が子のように力士たちの面倒をみます。力士たちは早朝にまず稽古をして、そのあと「ちゃんこ番」の力士が作った「ちゃんこ鍋」などを朝食に食べ、身体を大きくするために寝て——といったルーチンが決まっています。関取には身の回りの世話をする付き人として幕下以下の力士が付いて相撲界について学び、人気のある力士にはひいきにして後援してくれるタニマチと呼ばれるスポンサーがついていて、このタニマチたちが力士が土俵入りする際に着用する化粧まわしを贈ります。大相撲の力士が土俵上で受け取っているお金は「懸賞金」と呼ばれますが、これはスポンサーや協賛する個人が支払っており、提供者の名前は大相撲の会場入場者に配られる取組表に記されています。

日本で生まれ育った日本人のみなさんにとってはこうした一連のものは当たり前の光景でしょうが、外国人からすれば、そのひとつひとつの要素が「どういう意味があるの？」「なぜそんな風にするの？」と非常に興味がそそられるのです。

あるいは大相撲の土俵の上の吊《つ》り屋根から垂れている赤、緑（青）、白、黒の房は春夏秋冬の四季と青龍、朱雀、白虎、玄武の四神獣を表していることは、日本にお住まいの方でもご存じない場合もあるやもしれません。相撲はあらゆる要素に日本の文化、伝統があります。私の友人で相撲好きの記者、飯塚さきさんからもいろいろと教わりましたが、専門記者でさえ「私も知らない相撲の伝統がたくさんある」と言うほどです。

相撲は外国人にとって、日本文化を味わうために最高の場所のひとつです。特に両国国技館などでの生の相撲観戦は、迫力があるだけでなく、最良の異文化体験になります。ジョージアから日本に来る人には相撲をおすすめしていますし、おすすめしなくても向こうから聞かれることもしばしばです。

ところが惜しいことに、東京では年間45日間しか大相撲はやっていないのです。その上、今はチケットが本当に手に入りづらい。ですから私たちは前もって大使館で手配するようにしています。

そして相撲自体は長い歴史を持つ一方で、各力士の相撲人生は短く、儚《はかな》い。これも相撲の特徴です。

大相撲に入門するには中学卒業後から23歳未満までという年齢制限があり、大抵の力士が17、8歳には入門します。十両にすら上がれないかもしれないけれども必死で稽古をします。そして出世できてもできなくても、身体がボロボロになります。あれだけの巨体を作り上げ、ぶつかり合うわけですから、それは当然です。しかも大学にも入らず部屋に入門する力士が多いですから、引退後は大変です。幕内に上がれそうもないと悟った人たちは20代前半には引退し、幕内力士でも30代前半には引退していきます。横綱、大関クラスになれた本当に一握りの存在のなかでも、さらに限られた人たちしか親方にはなれず、引退後は別のキャリアを模索しないとなりません。

つまり、相撲に人生を捧げて一心不乱に取り組んできた力士には、現役を退いたあとにどうしたらいいかわからない人も多いのです。独特なしきたりのなかで、ピュアに夢に向かって一生懸命取り組んでいる力士が集まっている、その姿に美しさを覚えます。

本書執筆の動機

さて、この本を書き進めるにあたっては、「はじめに」で述べたことに加えて一つ、私なりの密かな狙いがあります。それについて、ここで紹介したいと思います。

「私は日本の世界観がとても好きなんだ。この際、日本の大学に留学しようと考えている」

これまで何度となくジョージア人から、会話のような相談のようなこんなお話を受けたことがあります。ジョージア人だけではなく、このような発想が募《つの》って、日本へ住んだり旅行したりしようと思い至る外国人は少なくないはずです。

私はそのたび、明確な答えを返すことに窮《きゅう》します。「あなたが想像している日本が、本当に日本で待っている保証はない」という思いがいつも私の内心に引っかかるからです。日本好きが想像する日本の世界は、現実の日本よりもむしろ、マンガ・アニメ・映画・文学の中でより良く描かれているのではないだろうかとさえ感じます。

それは、説明するのが難しいですが、商学を教えている教授はビジネスマンではないという矛盾のようなものです。あるいは、グルメ好きだけれども自分ではまったく料理しない人をイメージしてもよいでしょう。

実際に日本に住んでみたら、そこに待っているのは厳しい社会とそれを支える大海原のようなサラリーマンたちの世界なのです。

日本から、だんだん日本古来の武士道や伝統・美意識が喪失していくことを三島由紀夫が憂いていました。三島由紀夫がそのように感じていたのは、その流れが当時すでに始まっていたからではないかと想像できます。

「つまり、大使は今の日本には日本の良さがもう見られないと言っているのか」と聞かれるかもしれないが、そうではありません。この点はしっかりと強調しておきたいところです。

私が言いたいのは、日本の文化に憧れて日本で生活しようと望むことは、バレエ鑑賞が好きな人がバレリーナの厳しい練習や食生活を真似するようなものだ、ということです。バレエの美しさの裏には、決して煌《きら》びやかではない世界も同時に存在します。

これから先を読み進めるにあたって、2つのことを意識してもらいたいと思います。まず、実際の日本社会にも、日本の文化を構成する「素数《そすう》」のようなものはたくさん存在します。一方で、それは極めて難解であり、外国人がしばしば憧れている日本のイメージのようなものが、そのまま日本の社会で待ち構えているわけではありません。

第二章

子供時代の原体験

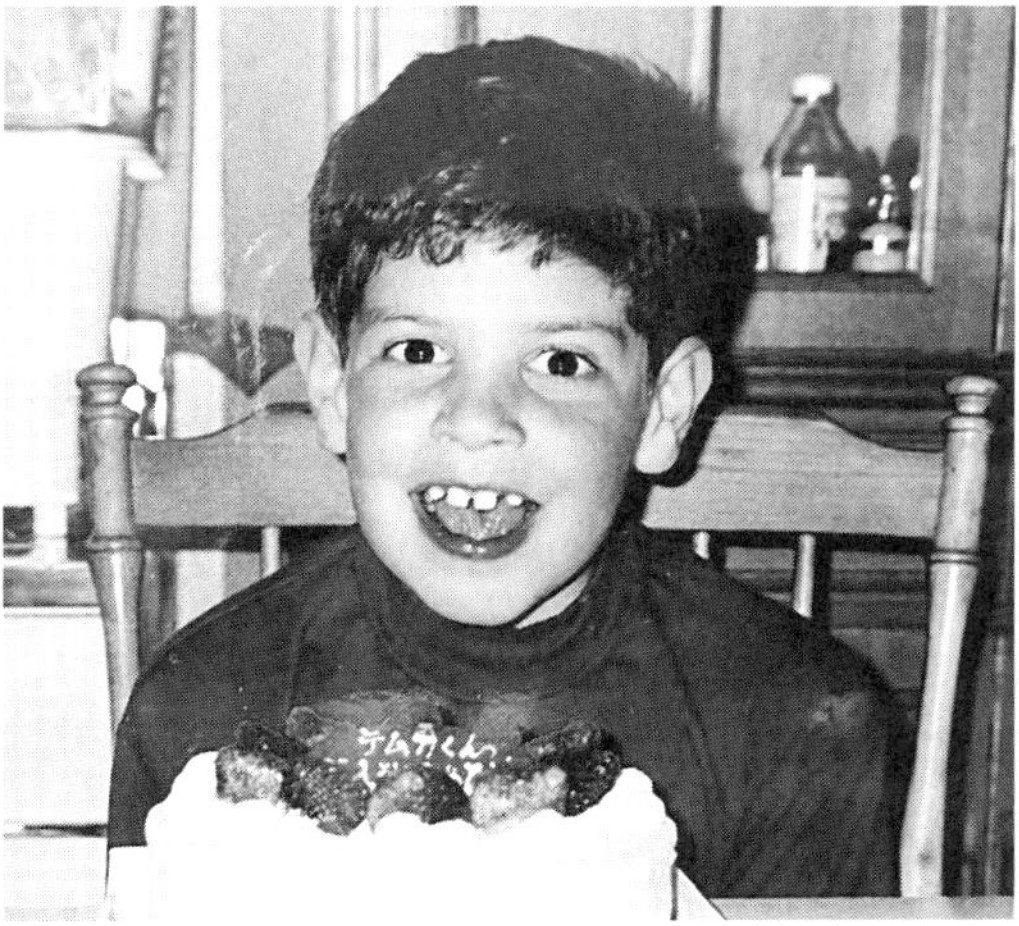

駄菓子屋は学びの場

私が「日本」と言って真っ先に思いつく風景は、飛行機で成田空港に到着する前に空から見える田んぼです。日本に来たことのない外国人からすると、日本は非常に技術の進んだ国だというイメージがありますが、意外にも日本列島には昔ながらの自然、田園風景が広がっていることに気づかされるのです。日本にも田畑があり、しかし成田から都心に出ると超高層ビル街を見上げることになります。こうした新旧のコントラストが私にとっての「日本の風景」です。余談ですが、食べ物の場合に思いつくのは梅干しご飯と味噌汁です。

日本はテクノロジーが進んでいるだけでなく、接客をはじめ日常的な社会のさまざまな部分の運営がものすごく丁寧であるという、非常に洗練された国です。しかし、だからといって古いもの、猥雑なものをすべて切り捨てているかといえばそうではありません。駄菓子屋などの昔ながらの香りが漂《ただよ》う場所も残っています。少し探せばそこかしこに風情あふれる空間があり、そこに集まる人々の感情、想いが感じ取れるところも魅力的です。

なかでも駄菓子屋さんとおもちゃ屋さんは子供の夢でしょう。これらも今思うと、昔ながらの日本らしさに満ちた場所だと実感します。

ここでは、私を含め誰もが子供のころ知らず知らずのうちに経験してきた日本らしさについて考えていきたいと思います。

私の場合、つくばに住んでいた小中時代に通った駄菓子屋の「ひがのや」と、おもちゃ屋さんの「おもちゃのエース」で過ごした時間が、放課後にもっとも夢中になれたひとときでした。ひがのやのおばあちゃんはすごくいい人で、お店がみんなの居場所になり、延々と楽しい時間を過ごすことができました。

駄菓子屋さんの世界は本当に面白いものです。私が好きだった駄菓子はよっちゃんイカ（たまらない味でした！）、パックに入ったすもも漬け（すっぱいジュースを全部飲んでいました）、ブタメン、コーラ味やラムネ味のガム、チョコバット……当たりがあることが子供にとっては大事でした。当たりが出るとたまりません。当たりがないお菓子でも、たとえばうまい棒は最高ですし、ビッグカツも好きでした。

しかし子供のころに駄菓子屋で体験した味は、大人になるともう味わえないのです。

大人になってから小中時代に好きだったお菓子をコンビニやお店で発見しては何度か買ってみたものの、いくら食べてもあのころほどの感動は戻ってきません。だからこそ「子供にとっての駄菓子屋」は本当に特別な空間であり、ぜいたくな時間だったのだと思い知らされます。

私は自分の子供にも日本の駄菓子文化を体験させたいという想いがあります。ですが、かつて自分が行っていたお店はすべて閉店してしまいました。広島、つくば、それから早稲田の学生時代にも地元の駄菓子屋さんに行っていましたが、もうどこもありません。

最近では大きなデパートやスーパーの中に駄菓子コーナーがありますが、「クレジットカードで支払いができる駄菓子屋さんってどうなのだろう？」と疑問に思ってしまいます。ああいうところはレトロに「演出」された駄菓子屋さんであって、必須の存在と言える店主のおじいちゃん、おばあちゃんがいないのです。

駄菓子屋さんは単なる「お菓子を買う場所」ではありません。正直、お菓子を買うだけであればコンビニでもインターネットでも不足はありません。ネット注文なら外に買いに出るまでもなく、自宅にお菓子が届けられます。けれども駄菓子屋は子供たちにとっては、無数に存在する商品の中からおこづかいの中で何を買い、いくら手元に残すのかというお金の使い方を学んでいく場ですよね。

少し脱線しますが、おこづかい制度は面白い文化です。

日本では「年齢×100円」とか「学年×100円」といった形で、おこづかいの金額が毎月きっちり決まっています。あえて制約を設けることでお金のやりくりを学ばせる、いいしくみです。お年玉に関しても、学校でお年玉をいくらもらったかで「え、あいつ1万円ももらったの？　すごいな！」などと話題になるのが楽しかったですし、ふだんは小さな金額の使い方をおこづかい制度を通じて学び、少し大きな金額の使い方をお年玉で学ぶという建て付けになっていますよね。なかなかよくできていると感じます。

ジョージアではおこづかいではなく、子供は必要に応じてお金をもらう方が一般的ではないかと思います。しかし私の場合、「魔法の財布」を持っていました。

8歳のころ、私はジョージアでおじいちゃんと一緒に住んでいました。そのおじいちゃんが私に財布をくれて、その財布にあるお金でお菓子を買っていました。お菓子を買うと「楽しいな」と思う反面、お金がなくなったことにしょんぼりします。すると摩訶不思議なことに、次の日になるとまたお金が入っているのです！　でもそのことを話すと、おじいちゃんは「ボクは知らないいな」といつもとぼけていました。やさしいおじいちゃんでした。

話を戻しますが、駄菓子屋さんはお金の使い方を、さらにはお菓子を友だちとシェアしあうことで助け合いの精神を学ぶ場であり、家庭や学校以外の地域の大人（駄菓子屋のおじいちゃん、おばあちゃん）との触れ合いの場でもあります。

駄菓子屋は、日本人のある種の内面を具現化した空間なのだと私は思っています。人と人とのつながりがあり、人のあたたかみを感じる場所です。それまで駄菓子屋の周辺で育ち、訪れ、巣立っていった人たちの想いが、時間とともに重層的に積み重なって充満しているように思えます。そういった風情が私にとっての駄菓子屋なのです。

ですから、昔ながらの駄菓子屋さんがどんどんなくなっているのは非常に残念なことに思えます。

おもちゃに感じる日本らしさ

小中学校時代の思い出の場所として、つくばにあったおもちゃ屋さん「おもちゃのエース」も忘れることはできません。よく放課後に集まってみんなでカードゲームをやったり、新しいゲームソフトの体験プレイをしました。音楽ゲームの筐体《きょうたい》もありましたし、ベイブレードもやっていました。とても楽しかったです。

私は本格的には手を出していませんでしたが、ミニ四駆《よんく》も流行っていて、マシンの改造にハマっていた友だちはサーキットがお店に置かれた専門店に集まり、工具を駆使して改造したり、モーターやウイング、ローラーなどのパーツ選びを緻密にやっていました。今思うと、あんな本格的なことを小学生がやっていたのかと驚きます。単に買って遊んでおしまいではなく、子供ひとりひとりがマシンの改造をし、誰一人として同じものではない自分だけのものに仕上げて競い合うのは、相当高度な遊びの文化でしょう。

私が熱中していたのは遊戯王カードでのデュエル（闘い）です。

トレーディングカードゲームも、戦うための持ち札の組み合わせ（デッキ）は人それぞれに異なり、「自分だけのもの」という思いを抱かせるものでした。私は遊戯王に関しては相当に強かったと自負しています。といっても私の父はおもちゃのエースに入り浸っている私に対して「そんなところで遊んでいるんじゃない。勉強しなさい」と叱っていたくらいでしたから、潤沢に資金があったわけではありません。むしろ親にお願いをしてなんとか1パックずつ買ってもらって、少しずつキラやレアを揃えていました。

一方でクラスメイトの中井川は、おばあちゃんに甘やかされていて、カードを大量に箱買いしてもらっていました。ですから彼はめちゃくちゃ強くなっていくわけです。でも中井川はだんだん感覚がおかしくなってきて、強いデッキを組むことよりも「持っていないカードをコンプリートする」ほうに執着するようになりました。

私たちにカードのパックを開けるのを手伝わせ、ダブりがあると「いらない」と言ってカードをくれたり、あるいは中井川が持っていないカードであれば一般的にはどうでもいいと思われている弱いカードであっても欲しがり、強いカードと交換してくれたりしました。次第に中井川が持っていないカードの情報が、ほかのみんなの間で共有されるようになりました。そうした交換合戦によって私も良いカードを手に入れ、洗練されたデッキを構築することができました。たとえ持たざる者であっても、持てる者に関する情報を活用することでうまく立ち回れるのだと私は学びました。

それから、プロ野球チップスカードを集めるのも好きでした。遊戯王カードは親がなかなか買ってくれなかったのですが、プロ野球チップスは「お菓子を買いたい」と言えば買ってもらえたんです。今思うとうまい売り方ですよね。

プロ野球チップスは、なかなか入っていないラッキーカードを複数枚集めて送るとスター選手の箔《はく》押しサインカードがもらえるのが特徴でした。私は一度こだわり始めると絶対にあきらめないタイプでしたから、クラスのみんなが誰も揃えられなかったセットを意地でも揃え、ついには金のサイン入りカードセットを手に入れました。これは「ほかの誰も成し遂げられないと思っていたことを達成した」記憶として、今でも鮮明に残っています。私の中で誇りになっているのです。多くの大人からすれば他愛ないことでしょうが、不思議なことに幼少期のこうした体験は絶対に忘れられないものです。

ほかにも当時流行っていた遊びは一通りやりました。ドラゴンボールカードは１回１０0円のカードダスを集めてやるものですが、相当やり込みました。でも私はなかなか溜まらない。中井川は延々と回す。子供ながらにお金があるのとないのとでこうも差が出るのかを遊びの中で実感しました。

カード自体のしかけに目を向けると、たとえばドラゴンボールカードは一見普通のカードに見えるのに、まれにシールになっていて剝がすとその下がキラになっているものがあり、子供心に非常にワクワクしました。トレーディングカードゲーム自体はアメリカの『マジック：ザ・ギャザリング』などが先行するもので日本発祥ではありませんが、日本では子供が喜ぶような工夫が随所になされているように思います。そのひと工夫の細やかさが、非常に日本らしいです。

アナログなゲームですと、『ドラゴンクエスト』のバトル鉛筆も相当やりました。日本では学校に遊びの道具は基本的には持っていってはいけないわけですが、バトエンは「鉛筆」だから持っていっていいわけです。そのルールを突くような発想がすごい。といっても先生によって線引きが違っていて、場合によってはダメだったり、最初は許容されていても、熱中して子供同士の問題が発生すると不可になったりするのですが、私も見事に対戦にハマりました。キャラクターものの文房具というだけならほかの国でもあるでしょうが、まさかゲームにしてしまうとは、日本は面白いですね。

カードの交換を典型として、日本の子供たちは大人が考えたルールを超えて子供同士で独自の交渉や付き合い方を編み出し、時にはケンカをしながらも人付き合いを学んでいきます。ゲーム自体もよく考えられていますが、それを取り巻く子供同士、あるいは大人も含めた人間関係の動きも含め、自分の思い出の中でも大事なものになっていくのです。

ここで紹介してきたおもちゃ、ホビーはほとんどが子供の手に収まるような小さなものです。でもそこに情報がぎゅっと詰まっていて、子供にとっては日常とは異なる別世界の広がりを感じさせるものになっています。そして決して単純なものではなく、バトル自体だけではなく道具をそろえたり、カードを集めたりするところからして友人間の駆け引きや親との駆け引きが発生する、戦略性が高いものです。それが日本のおもちゃ、ホビー、ゲームの特徴ではないでしょうか。また、日本の遊びは、必ず裏面や裏技などがあるから辞められないのです。

大人は子供たちの遊びやホビーを見て「くだらない」「そんなことにお金を使って」と否定的に見がちですが、遊戯王ひとつとっても、日本の子供たちの遊び、遊びを通じて得られる人間関係の学びは、非常に高度なものだと思います。

放課後の思い出

テレビゲームももちろんやりました。特に小学校5、6年のときはみんながゲームにハマっていて、『実況パワフルプロ野球』が大人気でしたね。私のときは『ニンテンドー64』版でした。『パワプロ』は非常に独特の世界観の中で野球選手を育成していくのが特徴で、B判定の選手を強くしてA判定にできたりすると非常に充実感がありました。

ゲームといえば、高学年のころには最新のゲームソフトをたくさん持っているクラスメイトの染谷《そめや》が人気者になっていました。放課後、染谷の家には常時6、7人集まっていましたが、みんな自分では買えない新しいゲームがやりたいわけです。人数が多いからなかなか自分の順番が回ってこない。それで友だちがやるのを見ながらおしゃべりしたり、待ちながらマンガを読んだり……。最近はわかりませんが、きっと1980年代から2000年代くらいまでは日本中に同じような光景が見られたのではないでしょうか。

染谷一家が住む家は広くて庭も大きく、縁側や堀があって家のまわりには広大な田んぼがあるという、典型的な羽振りのいい豪農の家です。やはりおばあちゃんが気前よくお菓子を出してくれたりしました。おばあちゃんは茨《いばら》城《き》弁が強くて当時の私はなかなか聞き取れなかったのですが、あるとき染谷に「スイカ、あのアメリカ人にもあげて」と言ったのが聞こえてきて、思わず笑ってしまいました。外国人はみんなアメリカ人だと思っていたんでしょうね。

染谷の家ではたくさんのお菓子も醍醐味のひとつでした。特に各種のポテチが人気で、私は「わさビーフ」と「梅チップス」にぞっこんになりました。あまりにもおいしく、その後、母と一緒にスーパーに行ったときに「これを買って」と銘柄指定をしたことを覚えています。

「染谷ん家《ち》」のほかにも、私がワクワクしていた家があります。それは「吉岡くん家」です。吉岡君の家も例に漏《も》れず、大きな日本風の造りの家でした。彼の家に呼ばれることは、子供ながらに特別な待遇であると誰もが思っていました。吉岡君の家は代々お医者さんの家系であり、吉岡君自身もやがてその道を進むために日頃から塾に通い詰めていました。豪農とはまた別のタイプのお金持ちであるお医者さんの家で、「出てくるお菓子がすごい」

と有名だったのです。運よく私も何度か彼の家に誘われたのですが、たしかにスーパーのお菓子コーナーでは絶対に見ない、しっかりとした箱に入ったどら焼きやゼリーなどの高級な和菓子、洋菓子が子供に対しても振る舞われ、格の違いを感じさせました。

私が小学校高学年から住んでいたつくばは研究都市で、中井川や染谷の家のように元々その土地に住んでいる家の子供と、私の一家のように外からやってきた研究者の家の子供が同じ学校に通っていました。研究者の子供たちはみんな異様に勉強ができるので、学校の成績はきれいに二分されていましたが、私のまわりでは目立ったいじめはなく、お互い仲良くしていました。

研究者の子供は、今思い返してもびっくりするくらい頭のいい人がたくさんいました。普通の公立の小学校で、ひと学年60人くらいいたうちの6人も東大に進学したのです。これは公立としては日本有数の輩出率なのではないでしょうか。ただ興味深いのは、マスコミにも取り上げられるような超有名人がつくばから出ているというより、どちらかといえばそれぞれ独自の道で尖った才能を発揮しているところです。

国によっては、お金持ちの家とそうではない家庭の子供は小学校から別々の学校に通い、そもそも住んでいる地域からして違い、その後、交わることがほとんどないということもあります。でも日本では、特に地方都市や田舎では、豪邸の隣に普通の家があることも珍しくなく、公立小学校にはさまざまなバックグラウンドの子供が集まるようになっています。それによって「世の中にはいろんな家庭があるんだな」「うちの教育方針やおこづかいの金額が『当たり前』なんじゃなくて、それぞれ違うんだな」と自然と知ることができ、社会的・経済的地位に関係なく友達づきあいができるようになります。

私自身、そのおかげで日本社会、人間社会について知ることができた部分が多かったと、振り返って実感しています。多様性が重視される今こそ、日本の公立校の価値について、改めて認識されていいのではないでしょうか。

毎週更新で人生の一部になるアニメやマンガ

小さいころの私はアニメに夢中でした。

私が一番好きなアニメは『ドラゴンボール』です。幼少期に観て熱中し、今でも身につけている腕時計は『ドラゴンボール』のものです。ほかに『幽☆遊☆白書』も大好きでしたし、『SLAM DUNK』(スラムダンク)もとてもワクワクしました。バトルものやスポーツものが好きで、野球だったら『ドカベン』『タッチ』『巨人の星』などにもハマりました。『ドカベン』はキャラクターが非常に変わっていて、悪球（ボール球）をホームランにするのが得意な岩鬼、ピアノがうまくてリズムで打つ殿馬などのキャラが印象的です。『キテレツ大百科』も好きでした。実は、私は『ドラえもん』よりも『キテレツ』派です。コロ助は自分のことを武士だと思っているからくり人形（ロボット）ですし、主人公キテレツのご先祖様は平賀源内のような発明家のキテレツ斎で、乗り物は亀甲船と、出てくる発明道具が旧式で和風なのがおかしく、それがいいのです。今リメイクしたら海外でヒットするかもしれません。

このように好きな作品をいくらでも語れるほどアニメ好きの少年時代を過ごしていましたが、悲しい思い出もあります。父が広島大学の博士号を取得したことで留学生活が終わり、私が小学校2年生のときに広島からジョージアに帰国することになったのです。

そのタイミングでちょうど『ドラゴンボールZ』の続編『ドラゴンボールGT』が始まりました。『ドラゴンボール』は、『週刊少年ジャンプ』で連載していたのは魔人ブウ編までで、『GT』の内容はアニメ完全オリジナルでしたから、「新しい世界が始まるの？　何がどう展開されるの？」と興味津々でしたが、当時のジョージアでは『GT』の放送予定はまったくありませんでした。

父だけ、少し遅れて日本からジョージアに戻ることになっていたので、父にお願いして『GT』の冒頭2話分をなんとかビデオテープに録画してもらいましたが、その続きを観る方法がなく、本当に悲しかったです。それまでは毎週『ドラゴンボール』を観ていたのに、その先が観られないという喪失感が強烈で、自分の中で大事な何かを失ってしまった感じがしました。

私はマンガよりもアニメのほうがしっくり来たタイプですが、アニメにしてもマンガにしても、毎週毎週、待っている間も続きが気になる作りになっているのが特徴的です。『幽☆遊☆白書』や『ドラゴンボール』はとにかく引きのシーンで終わり、次回まで引っ張る。延々と手に汗握るバトルが続く。これがうまいのです。

今では配信でアメリカやイギリス、韓国などのドラマが手軽に無数に観られ、「続きが気になる！」という作りのものも多いですが、私が小さかったころの日本では、子供たちにとって長編ストーリーで毎週更新され、続きが気になるものといえばマンガ、アニメでした。

日本のアニメが海外でも人気があるのは、この「毎週面白くて、続きが気になる」のと、子供も夢中になるし青少年や大人が観ても奥が深い、ほかの国の映像作品ではなかなか見られないユニークな世界観やキャラクターゆえだと思います。『ドラゴンボール』や『NARUTO』のように非常に長いストーリーになると、毎週観ている側にとっては人生の一部になっていくんですね。作品として魅力的なだけでなく、更新頻度が高く、しかも、ずっと続いていくことも、ファンにその作品から離れがたく思わせるために重要な要素なのだと思います。

今ではジョージアの若者たちも、ジョージアにいながらにして日本のアニメをたくさん観られる環境が整っています。彼らと話すと私も知らないタイトルが次々に出てきます。日本のクリエイターのみなさんには今後も良質な創作活動を続けていただきたいですし、コンテンツ産業の方々にはグローバルな流通に尽力していただき、世界中の人たちを魅了してもらいたいと思っています。

外国にはない「部活」という文化

「部活」（部活動）という日本独自の課外活動は、私たち家族にとって大事な思い出です。

私は手代木《てしろぎ》中学校時代、ハンドボール部を創設してハンドボールに取り組んでおり、家族ぐるみで熱中しました。私の父がその経験を『手中のハンドボール』という本にまとめたくらい、深い思い入れがあります。

部活では、学校の先生も顧問として放課後や土日にも時間を割いてがんばっていらっしゃいますが、何より家族ぐるみの戦いでもあります。子供が休日に練習があれば親御さんはお弁当を作ったり、練習場や試合会場まで送迎をしたりと、家族の働き、協力が試合の結果に反映されるくらいに重要な役割を果たしています。

そして何より、部活は日本の多くの子供たちにとって重要な場になっています。

学校で勉強するだけでなく、練習や勝負ごとを通して友だちと絆を深め、同じ学校の仲間同士、強かろうが弱かろうが、うまい人間もそうではない人間も同じチームの一員としてがんばるという経験を得られる、非常に良いしくみになっているのです。今思うと、社会に出れば誰でも直面する組織間の競争や、同じ集団のなかでどのように日々振る舞い、目標に向かって過ごしていくのかという協調性を部活から学んだ気がします。私自身が親になってから、子供の成長について考えたときに、このような枠組みがあるのはいいものだと改めて感じました。

日本はジャージや制服もすべての学校でデザインが違いますが、部活もチームごとにユニフォーム、ウインドブレーカー、ベンチコートが異なり、学校名やチーム名を入れて全員で揃えています。強豪校は強そうなロゴが入っていたりして、それを見て憧れて「絶対にあの高校のあのチームのレギュラーになる！」と中学生が夢を抱いたりする――これも面白いですね。共通した服を着ることで、見た目で集団への帰属意識を高め、ライバルへの対抗心を燃やす。ただ学校に行って勉強しているだけでは、そういう張り合いを経験することはなかなかありません。

かといって部活に取り組んでいる子供たちがみんなプロスポーツ選手を目指しているかといえば、そうではありません。プロを目指す人が集まるクラブチームではないのに、みんなが一体となって真剣になり、本気で対戦チームに闘争心を燃やす部活というものには、プロスポーツやそれを目指すアスリートとはまた別の、独特の世界があります。

日本人はそれを知っているからだと思うのですが、スポーツマンガの多くは部活を描いたものですよね。

もちろんプロスポーツを扱った作品も大人向けでは多いですが、『タッチ』『SLAM DUNK』、初期の『ドカベン』をはじめ、数々の名作が、たまたま同じ学校で出会った人間同士が、プロを目指して幼少期からそのスポーツに取り組んできた人間の集まりである強豪校と戦っていくような展開をします。部活マンガでは、主人公チームは選手層が必ずしも厚くなく、監督やコーチあるいは練習場所のようなリソースが十分でないなか、どうにかして勝ちを目指して努力する主人公たちの苦労や初勝利の喜び、はたまた死力を尽くしたけれども破れたときの悔しさなどがまざまざと表現されています。部活経験者なら「ああ、わかるな」という気持ちをつかむのが非常にたくみです。

日本人は対面でリアルタイムでの対話で自分の感情を伝え、相手の気持ちを汲《く》み取って言語化することはあまり得意ではない方が多いですが、マンガやアニメを通しての心情の言語化能力にはものすごいものがあります。

私は『ＳＬＡＭ ＤＵＮＫ』が大好きですが、部活をやっているときの緊張感やワクワク感、チーム内の人間関係のヒリヒリした感覚や衝突を経てひとつのチームとして結束していくプロセスなどを読むことで「自分ももっとがんばろう」と自然に思うことができました。

ジョージアや他の国なら「有名で強いチームで活躍しているあの選手みたいになりたい」と、実在のスポーツ選手をロールモデルにしてスポーツを始めたり取り組んだりする人が多いですが、日本では世代ごとに、『キャプテン翼』の翼くんみたいなエースストライカーになりたいとか、『ブルーロック』の誰々みたいになりたいとか、マンガのキャラクターに憧れる子供たちがたくさんいるでしょう。それは「フィクションだからいくらでも強く、かっこよく描ける」からではなく、スポーツ選手、部活に取り組む選手たちが抱く気持ちを深く掘り下げている名作が多く、それを読んだ人が自分と重ね合わせることでがんばれるからだと思います。

それから、部活は活動そのものから得られるものも多いですが、その周辺のことも青春を感じさせる思い出を作ってくれます。

たとえば、私は他校との練習試合が好きでした。私が中学時代に取り組んでいたハンドボールの場合、野球やサッカーと比べてまわりにやっているチームも少なく、練習試合を組んでもらうのも一苦労でしたから、「ようやく一生懸命練習してきた成果が発揮できる」という喜びがまずありました。それから、試合や合宿の際には、遠征で1日がかりだったりしますよね。そういうときに親からお昼ご飯代をもらって自由に買い物をするのが、ささやかな楽しみでもありました。コンビニでお昼ご飯にどの菓子パンやおにぎりを選ぶのか、どのスポーツドリンクにするのか、カロリーメイトは何味にしようか――ぜいたくな悩みですね。

麦茶がおいしかったという記憶もあります。日本の運動部では、先生や保護者の方が大きなやかんで煎れてくれる麦茶はつきものと言っていいのではないでしょうか。それからコーチをやってくださった大学の先生やメンバーの親がポカリスエットやお菓子を差し入れしてくれるのもうれしかったです。ふだんは経験できない真剣勝負の機会である試合自体だけでなく、その前後のすべての時間が特別な、非日常の体験として存在していました。

また、部活が終わると同じ部活のメンバー同士、いっしょに下校しますよね。

下校時間も後から振り返ると得がたい日々であったと感じます。登校するときはだいたいみんなバラバラに、せいぜい2、3人と連れだって行くのが普通ではないかと思います。でも部活から帰るときには帰宅する方向が同じ人たちが連れだってゾロゾロと歩いていきます。朝から勉強をし、放課後にともに汗を流して1日が終わろうとする夕方、暗くなった帰り道に自転車を押しながら話す話題といえば、恋愛のことであったり、進路のことであったり、悩みであったり、あるいは哲学的な話であったり――非常にパーソナルな、深いことを語り合う時間になります。

特に親密な友だちと帰るときにはそうなります。みんなでコンビニや駄菓子屋さんで買い食いをしたり、ファストフード店に立ち寄って騒いだりすることもありました。でもあまり帰りが遅くなってはいけないので家に着く時間を気にしつつも、話が盛り上がり、夢中になっていてもっと話したいと思った名残惜しい感覚も、記憶に残っています。

そういえば、「門限」というものもありました。小中学生には誰もが門限があります。友だちと一緒にいるとき、その時間が訪れるのが嫌でした。あんなふうに1分1分を噛《か》み締めるように時間を過ごしていたのに、最後にあの感覚を味わったのは、いつのことだったでしょうか。

近年では朝練や放課後、土日にまで及ぶ部活動のやりすぎによる児童・生徒の学習への弊害《へいがい》、あるいは保護者や顧問の先生への過大な負担が問題視されています。それから少子化もあって野球やサッカー、バレーボールなどではひとつの学校でチーム組成が成り立たなくなっている地域も少なくありません。もう部活をなくそう、減らそう、やめようという声も一部にはあるようです。

もちろん、いきすぎた部分は是正してサスティナブルな形に変えていく必要はありますが、部活の経験から得られるものは決して小さくなく、その後の人生においても糧になると思います。日本で独自に発展した部活動という学校文化を、今後の世代にもつないでいってもらえたらと願っています。

第三章

大学時代の思い出と早稲田散策

私は大学の進学先として、早稲田大学を選びました。

その理由のひとつには、早稲田は文学や演劇をはじめとするさまざまなジャンルで、文化人や面白い人材をたくさん輩出していることがありました。

また、一種の「在野精神」と言いますか、世の中の主流、エスタブリッシュメントに対して何か言わんとするイメージにも惹かれました。私にも近い面があると、入学前から思っていたのです。

私はカナダの大学にも留学しましたが、あちらの大学は大自然の中にあり、日本の大学とは比べものにならないほど、キャンパスがとにかく広大でした。敷地がそもそもほかの施設から隔絶されているからこそ学生たちが目の前の課題や研究に集中し、学生同士の人間関係も深まっていく良さがあるように感じます。

一方で日本の場合、特に早稲田に関しては、大学周辺の狭い学生街にさまざまな良い施設が凝縮されているのが特徴だと思います。大学構内のサークル棟（学生会館）に学生が集まり、それぞれの個性が引き立つような環境が良かったですし、大学の外にはたとえば早稲田松竹があって日本映画の名作が観られるとか（早稲田松竹で観た鈴木清順作品のことは生涯忘れないでしょう）、古書店や「カフェ ＧＯＴＯ」をはじめとする喫茶店がたくさんあるといった文化的な環境が充実しています。大学と街とがつながっているような感覚があります。

この章では、私が学生時代を過ごした場所を散歩しながら、早稲田周辺の土地の良さや、日本で学生生活を送ることで学べたことについて語っていきましょう。

ぜひみなさんも、一緒に散歩している気分でお読みいただけるとうれしいです。

胸突坂周辺は日本らしさの密集地

まずは胸突坂《むなつきざか》から、私たちの早稲田ツアーをスタートしましょう。

東京都文京区関口《せきぐち》にある駒塚橋《こまつかばし》、そして胸突坂周辺は、私の学生時代の思い出の場所です。この坂は住んでいた寮からほど近く、私は大学に通うために毎日この坂を何度も上り下りしていました。また、護国寺《ごこくじ》をはじめ、近隣の場所にはよく散歩に赴《おもむ》いていました。いつも行列ができている、豆大福で有名な和菓子屋さんの群林堂《ぐんりんどう》などが、寮の近くにありました。

胸突坂は文字通り心臓を突くほど急で長い坂ですが、実は階段をのぼるうちに、夏でも涼しさを感じてきます。坂を上がっていくと緑が豊かになり、木陰ができるからです。夕

N
W
E
S
0
400m
雑司ヶ谷霊園
雑司が谷駅
鬼子母神前駅
護国寺駅
護国寺出入口
群林堂
東京さくらトラム（都電荒川線）
学習院下駅
首都高速5号池袋線
東京メトロ有楽町線
三笠屋文具店
和敬塾
永青文庫
面影橋駅
神田川
早稲田都電駅
肥後細川庭園
胸突坂
関口芭蕉庵
渡なべ
駒塚橋
ホテル椿山荘東京
甘泉園公園
うだつ食堂
東京麺珍亭本舗
鶴巻町本店
早稲田出口
東京メトロ東西線
早稲田大学
東京メトロ副都心線
西早稲田駅
早稲田駅
漱石山房記念館

早稲田周辺地図

レントのタモリさんもよくおっしゃっていますが、東京は魅力的な坂、地形の奥深さが感じられる場所が多く、胸突坂もその豊かさが体験できる場所です。

胸突坂周辺は日本文化の歴史を学び、和の精神を体感するのに非常に適しています。

早稲田大学のほうから坂をのぼる途中で、まず関口芭蕉庵《ばしょうあん》があります。俳諧《はいかい》で有名な松尾芭蕉は、俳諧だけでは生活が成り立たず庭園作りもしていたそうで、芭蕉庵には芭蕉が工事したと伝わる非常に美麗な庭園が、約300年ほとんど姿を変えず当時のまま残っていて、植物や池を見ながら芭蕉の時代に思いを馳《は》せられます。どうやら芭蕉がここで句を読んだわけではないようですが、要所要所に芭蕉の句が飾られています。こぢんまりとしているものの、周囲から隔絶した静けさに満ちた、安らぎの感じられる場所です。

早稲田に来た当初からここは印象深く、友だちとも来ましたし、ひとりでも何度も訪れました。私のような外国人だけでなく、日本の若い人にとっても芭蕉の精神性を身体で体験できる空間になっています。

胸突坂・芭蕉庵の前で

坂を登ると、肥後細川庭園《ひごほそかわていえん》と永青文庫《えいせいぶんこ》があります。永青文庫はもともとは細川家の下屋敷があった場所にあり、東京で唯一の大名家が有する美術館です。永青文庫では能面のコレクションをよく鑑賞しました。能面は同じ顔のはずなのに、見る角度によって感じられる表情が変化するという、これまた日本人ならではの表現を感じるものです。

永青文庫のすぐ近くには上総久留里藩主黒田豊前守の下屋敷跡地に建つホテル椿山荘《ちんざんそう》東京もあり、そちらの庭園も美麗です。椿山荘では紋付き袴と着物の新郎新婦が神殿式の結婚式を挙げる姿もよく見られましたし、三重塔や池の上のステージもあり、三味線の演奏なども行われています。

この一帯は、私にとって日本文化の理解に役立った、東京の象徴のようなところです。特に桜のシーズンは、この地は都内でも群を抜いて美しいと思います。だから、ジョージアの友人が日本に来ると、季節によっては早稲田近くの神田川沿いを案内します。

誰かを案内する場所は、やはり自分が好きな場所に限ると私は考えます。そして、東京とは思えない長閑な昔ながらの街を散策した後は、学生時代からよく通っていたそば屋の金城庵に寄るのも、楽しみのひとつになっています。

また、胸突坂を下った反対側に進み、駒塚橋を渡って早稲田のほうに向かうと、都電荒川《あらかわ》線（東京さくらトラム）の早稲田駅があります。荒川線に乗って南池袋の雑司ヶ谷《ぞうしがや》霊園にある夏目漱石のお墓を訪ねたり、さらにその先まで乗って飛鳥山《あすかやま》公園に行ったりもしました。荒川線はのんびりと景色を楽しみながら移動できる路面電車で、とても雰囲気があります。

私はジョージアでも偉人のお墓参りをするのが好きです。本で読むだけでは過去の文豪や偉人もただの情報の集まりに見えてしまいますが、お墓には「たしかにこの人も、今の私たちのようにこの世界に実在して生きていたのだ」と思わせる証のようなところがありますね。

漱石は現在の早稲田駅から徒歩5分ほどの場所に生まれました。晩年を過ごした「漱石山房」も早稲田にあり、現在では漱石山房記念館として公開されています。第一章で述べた通り、漱石の『こころ』は日本人の心理を理解する上で大きなヒントになる本で、やはり早稲田は日本を知るために格好の土地だと思います。

和敬塾で体感した寮文化

胸突坂をのぼっていくと、私が大学時代を過ごした和敬塾という寮があります。私が東京都内で初めて長く住んだ場所が和敬塾ですが、とても東京都心とは思えないほどに木々が溢れています。おそらく区内屈指の緑豊かな場所ではないでしょうか。

早稲田からほど近い高田馬場駅のまわりは良い意味で学生街らしい、にぎやかさと活気にあふれた都会の雑踏ですが、和敬塾の敷地内や永青文庫のあたりを歩いていると、気持ちが落ち着いてきます。仲間と騒ぎ、対話する時間も、また、木々に包まれて静けさの中で深く黙考する時間も大学生には必要ですが、和敬塾での生活はその両方を与えてくれました。

和敬塾では、300人ほどの学生が東西南北に分かれた4つの棟に分かれて生活しています。学部生だけでなく大学院生も住んでいますが、そちらの棟はやはり方角を表す名称から取られた「乾《いぬい》寮」と呼ばれています。村上春樹も学生時代に住んでおり、『ノルウェイの森』などにも和敬塾を舞台にしたシーンがありますから、村上春樹のファンの方はぜひ足を運ばれるといいでしょう。

私は早稲田大学に2007年に入学し、2011年に卒業しましたが、当時は寮に入っ

和敬塾

てすぐ、寮生同士でお酒を飲んで親睦を深める儀式がありました――初日にいきなり先輩が「上手な吐き方」をお手本として見せ、「はい、これで抵抗がなくなったでしょ?」と言って後輩も吐くまで飲まされる、という儀式がありました(おそらく最近はそういうことはないと思います)。

寮は1人1部屋ですが、寝る場所以外は食事やお風呂をはじめすべて共同で行われ、集団でのコミュニケーションを叩き込まれます。和敬塾では日本社会らしい共同生活を体験できて本当に良かったと思います。寮内では催しもさかんで、たとえば運動会はオリンピック並みにさまざまな競技が用意されている本気の大会でした。騎馬戦は騎手を地面に倒してやっと得点が入るなど、非常に激しいものもあり、日本人の侍魂が感じられる、大好きなイベントでした。イベントではないですが、この一帯には日本女子大学などほかの大学もあり、近隣の学生ともインカレサークルなどを通じて交流があり、それも良い思い出です。

寮内の講堂には各界の著名人が講演に訪れ、それも大いに刺激を与えてくれました。光栄なことにジョージアの駐日大使となった後で、私も留学生の激励のためにとお声がけいただき、お話ししたことがあります。

和敬塾には文化財となっている人気の建物もあり、結婚式の撮影などが行われています。また、和敬塾での生活では、応援団の人たちの姿も記憶に残っています。どの大学でもそうかもしれませんが、応援団の規律は非常に厳しく、団員は練習や応援で日々ものすごく忙しくしていました。遠征で飛び回っていますから、寮にもほとんどいないのですが、たまに見かけると学ランを着てキビキビと移動していた印象があります。格闘家かと思うくらいに筋肉がムキムキで気合いが入っていて、ちょっと怖いような人もいましたね。

就職活動のとき「応援団は就職にものすごく有利なんだ」と聞いて「どうして応援ばかりしている人たちの就職が良いのか？」と最初は思ったのですが、後から「元気と根性があって何にでも耐えられる人は、当然重宝されるよな」と気づきました。

私自身は学生時代に特にスポーツもしませんでしたし、競技の応援にも行きませんでした。早稲田はラグビーやサッカーなどが強く、まわりでも神宮球場に大学野球の応援に行く人もいましたが、当時は興味が持てなかったのです。今思うと行っておけばよかったなと思います。

みなさんもそうかもしれませんが、学生時代には「興味がない」「そんなことをしても意味がない」と感じていても、後になって振り返ると「あれはあのときにしかできないことだったな」と悔いることがありますよね。私にとっては同窓生のスポーツの応援がそのひとつです。

三笠屋文具店と文房具の魅力

胸突坂を登り切り、和敬塾のあるところからさらに歩くと路地を抜けて車道に出ます。そこで左手に曲がって少し進むと文具屋さんがあります。三笠屋《みかさや》文具店です。私の学生時代には、この店にファイルちゃん、クリップちゃん、テープちゃんという看板猫がいて、棚やレジにちょこんと居座っていたりして、とてもかわいいものでした。今ではみんな亡くなってしまい、残念です。

もちろん大学構内でも文房具は売っていますし、大学生協の方が値段は安いです。でも私は昔ながらの地域に根ざした個人商店が好きで、子供向けの文具から「ご祝儀《しゅうぎ》袋」まで取り揃えている三笠屋文具店でいつも買い物をしていました。

三笠屋文具店にて

三笠屋文具店に長年お勤めのお母さんによると、明治40年ごろからこの地に店を構えているそうで、当時はのし袋や紙を細川家関連に納めていたそうです。それだけ歴史のある店だと知ると、より愛着が湧きます。

町の個人商店はその土地の歴史とともにあり、私たちはお店の人と話し、買い物をすることで、意外な現代史を知ることができます。それがチェーン店ではなかなか味わうことのできない、地元のお店の良さのひとつです。

さて、文房具については、ひとつご紹介したいエピソードがあります。

私の妻は、文具屋などで売っているご祝儀袋が大好きで、「飾りのリボンの部分（水引）が綺麗で、とても気に入っている」と言っています。しかし、ご祝儀袋はあまり日常的に使うものではないので、妻が何に用いているのか、あるとき気になって聞いてみました。

すると意外な答えが返ってきました。さて、何だと思いますか？

おそらく日本の方にとっては予想もつかないかと思いますが、妻はご祝儀袋を手紙の封筒として使っていたのです。正確に言うと、ご祝儀袋に手紙を入れるのではなく、祝儀袋を開いて内側の白い部分にメッセージを書き、プレゼントに添えて相手に直接渡していたのです。妻は「祝儀袋を開いたときに、メッセージカードが入っていないことをずっと不便に思っていた」とも私に話してくれました。

私が「これはお祝いのときにお金を入れて使うものだよ」と教えたあとも、ご祝儀袋を手紙として使っています。私はそれを愛らしく思いながら、「黒いやつ（香典袋）は、人が亡くなったときに使うものだから気をつけてね」と念を押して伝えました。

この話をSNSで紹介したところ多くの反響があり、メディアからも取材されました。海外から見た日本文化の受け止め方が、日本の方にとって新鮮に映るのだと実感しました。

文具店はボールペンやコピー用紙など、オフィス用品を売っている何の変哲もないところだと思っている方もいらっしゃるかもしれませんが、よく注意して見ると、実は日本文化に根ざしたもの、和を感じさせるデザインのものも置いてある、日本らしい場所なのです。

学生街・早稲田のラーメン屋

学生街の魅力といえば、ボリューム満点の飲食店ではないでしょうか。特に学生がハマるものの代表格といえば、やはりラーメンでしょう。ラーメンは「中華料理」と言われますが、日本で独自に発展を遂げた食文化であり、本書では日本のカルチャーのひとつとして語りたいと思います。

和敬塾の近くにも栄和楼《えいわろう》という中華料理屋があり、学生街の飲食店の典型と言えるマッシブな盛り付けで人気が高く、とにかく量が食べたい人たちがよく通っていました。和敬塾の学生は親しみをこめて「和楼《わろう》」と呼んでいましたが、残念ながら閉店してしまいました。

また、早稲田周辺のラーメン屋さんでは、私が寮生だったころには東京麺珍亭本舗（通称「麺珍《めんちん》」）が異常なくらい流行っていて、先輩たちとお酒を飲んだあとはだいたい麺珍か「うだつ食堂」に行っていました。麺珍では、下に不思議なスープが入った油そばに半熟卵を追加し、卓上のラー油とお酢を三周ずつかけて思いきり混ぜ、トロトロの状態でいただくのがプロの食し方とされていました。ある先輩は週7で油そばに行くほどハマっていました。うだつは徳島系ラーメンのすごくおいしいお店で、肉や生卵などの「全部載《の》せ」が楽しみでした。

それから営業中のサインとして店頭に牛の骨を吊り下げる、店の看板も何もない一条流がんこラーメンも忘れられません。早稲田の店舗は閉店しましたが、四谷などのお店は今もあるようです。スープの中に箸《はし》を立てたら倒れないくらい濃厚なスープが特徴のお店です。

ラーメンはもともとは庶民のためのファストフードとして始まり、今も大半の店はそんなに高額では提供していません。しかし「牛の骨」の有無で営業中かどうかを客に判断させ、知らない人は店の外観からでは何をやっているのかわからないように店舗を運営する、などというのはほとんど暗号です。ラーメン屋には単なる「庶民のための安価な食事」の一種であることを逸脱した、独特のカルチャーが形成されていることがよくわかります。

たとえば高級志向ではない町のハンバーガー屋さんやイタリアンレストランに同様の特殊な趣向や接客スタイルのお店があるだろうかと考えれば、ラーメン屋業界は突出して職人気質を隠さず運営すること、コンセプチュアルな店のたたずまいであることが広く一般の人からも許容されていると理解できるはずです。

今日は高田馬場の路地裏にある魚介豚骨の名店「渡《わた》なべ」に行ってみましょう。ここは店の外にある看板がまるで料亭のようにシックなところです。私の学生時代からずっと続く店で、最初はこの店構えに惹かれるものがあって入ってみました。大学から少し離れていますから、なかなか早稲田の学生はここまで来ないかもしれません。学生街の飲食店は競争が激しく、新しいお店がで

「渡なべ」に並ぶ著者

きては消えていきますが、渡なべは長く生き残っており、お昼時はいつも行列ができています。

私はラーメン屋さんに行くと、並んで待つところから楽しんでいます。ほかのお客さんの様子や、食べ終えて出てきたお客さんの表情を見て、これから食べるラーメンについて想像するのです。相撲の立ち合い前のような緊張感があります。

いよいよ中に入ると、まず食券を買います。渡なべはカウンターに数席あるだけのお店です。椅子に座ると厨房がすぐ目の前にあって、ラーメンができていく過程が見えます。ラーメン屋以外の外食のお店、たとえばレストランなどでは厨房は見えない、見せないことが多いですね。ということはラーメン屋では厨房が見える、見せることに意味があるのです。器にスープが注がれ、そこに湯切りした麺が合わさり、その上に具材がひとつひとつ載せられていく様子を見て味わってほしいということだと思います。もちろん、店によっては店員さんの手元までは見えないところもあります。それはそれで、店側とお客さんとの距離を近づけすぎないことに哲学があると解釈できます。

渡なべは厨房とカウンターの距離が近く、調理の様子をつぶさに観察できます。けれども店員さんがこちらに気軽に話しかけてくるわけではありません。つまり店側との会話を含めて楽しんでほしいのではなく、お客さんにはこれから食べるラーメンに集中してほしい、スープの香りや色を食する前から体感してほしい、ということですね。

渡なべでは、カウンターの上に置かれた調味料はやや少なめと言っていいでしょう。これはなるべくそのままを楽しんでほしい、でも途中でもし飽きたら味変してください、というメッセージだと思われます。おそらく、自信の表れでもあるでしょう。渡なべはレギュラーメニューをラーメンとつけ麺にほぼ絞っていることからも、そのことがわかります。もっとも、期間限定のラーメンを次々に出す、いつ行っても新たなチャレンジが見られるところでもあります。

このようにラーメン屋は、客が店に入る前から出るまでの一連のプロセスを店主がコンセプトに基づいて設計した、テーマパークのような場所なのです。何気なく入って、食べて、出てしまうのではもったいない。提供しているラーメンだけに集中するのももったいないのです。いったいその店の主が、店舗という空間を使って何を表現しようとしているのか、どんな思想のお店なのか、そこまで含めて味わうことがラーメン屋の楽しみだと言えます。良い店には明らかに一貫して客に伝えたいメッセージが感じられます。どうもいまいちだなというお店は、実は味だけの問題ではなく、店がお客さんに対して発しているものがどこかちぐはぐなのです。

高田馬場や早稲田近辺のラーメン屋さんは激戦区ですが、私は渡なべのような個性的なお店が特に好きです。

今はなき銭湯とたいやき屋

場所を和敬塾周辺に戻しましょう。栄和楼の近くには月の湯という銭湯があって、しょっちゅう通っていました。月の湯は、昭和2年創業の東京で最古級の木造の銭湯でした。和敬塾にももちろんお風呂はあるのですが、安く入れる日などにはみんなで月の湯に入りに来ました。銭湯は季節ごとに、冬なら柑橘類が浴槽に入っていたりと趣があり、また売っている飲み物なども異なっていて、それも楽しみのひとつでした。月の湯は閉店し、残念ながら建物も解体されてしまいましたが、カジュアルに集団でお風呂に入り、皆で四季を味わえる銭湯の文化は、今後もなくなってほしくないもののひとつです。

私は他の学生があまり行かないお店を見つけるのが好きで、早稲田生がよく行くところから少し外れた場所へ足を運んでいました。鶴巻町《つるまきちょう》にあるとんかつ屋さんの長谷川はすごくおいしかったですし、その近くにある駄菓子屋さんも好きでした。

西早稲田にある甘泉園《かんせんえん》公園は、江戸時代の庭園「甘泉園」がそのまま残っている、奥行きのある癒しの空間です。ここも芭蕉庵などと並んで、都会のオアシスと言っていいでしょう。平日の日中に来ると、時間の流れが周囲とは違っていて、どこか儚げな雰囲気もあり、落ち着きます。ビルが建ち並ぶ都市部のなかに、実は魅力的な公園が無数に存在しているのも日本の魅力だと感じられる場所です。

甘泉園公園の近くにはたいやき屋さんがあって、ここは体格の良いおじさんがやっていて、おいしくて大好きでした。おじさんはお酒が好きなのか、二日酔いでいることも多かったのですが、それも含めて良い味を出していました。当時の彼女とたい焼き片手に公園でデートした思い出があります。でもここも今はなく、マンションが建っています。

チェーンではないお店には、その土地の歴史や、そのお店で働く人たちの人生が感じられるところが良いのです。ぜひみなさんも近隣を散策し、ふだん足を運ばないような路地に分け入り、入ったことのないお店をのぞいてみてください。

甘泉園公園にて

学生時代のアルバイトが教えてくれたこと

日本の大学生活といえば、アルバイトをするものと相場が決まっていますね。私もいろいろなアルバイトをしました。

なかでも記憶に残っているのは「花」というしゃぶしゃぶ屋でのアルバイトです。といっても長く働いたわけではありません。店長が非常に仕事熱心な反面、すぐ怒るタイプの方で、あまりに叱られた私はやる気を失い、3、4か月で辞めてしまいました。それでもとても印象に残っているのは、いっしょに働いていた辰野《たつの》さんという、60歳を過ぎたこざっぱりとした女性が私に良くしてくれたからです。

ジョージアにはしゃぶしゃぶやすき焼きのような料理はありませんし、高校時代までに食べたこともあまりありませんでした。日本の大学に入ったからには日本の食文化を学ぼうという意図もあってしゃぶしゃぶ屋さんで働いてみることにしたのですが、思っていた以上にしゃぶしゃぶのオペレーションは複雑でした。野菜や薬味、タレ、ポン酢等々は一度にすべてお客様に渡して「あとは勝手にやってください」ではなく、どのタイミングで何をお客様に出せばいいのかがある程度決まっています。でも外国人である私はそのあたりの勝手がなかなかわからず、ほかの店員との連携もうまくいきませんでした。それで店長から叱責されてばかりだったのです。

花はサラリーマンがよく来るお店でしたが、お客さんが少なく暇な日もあり、そういうときに辰野さんがよくご家庭や息子さん、ご主人のことを話してくれました。やさしく、いつも周囲を気遣っていて、羊羹《ようかん》やケーキなど「ここが一番なの」と言いながらお土産も持ってきてくれました。特に辰野さんの紹介で知った虎屋の羊羹は印象的でした。虎屋は和菓子の中でも高級の部類で、「外国人に食べさせても味がわからない」と躊躇してもおかしくないところ、辰野さんは「これが私が一番好きなお菓子よ」と言って、虎屋の羊羹を分けてくれたのです。それがきっかけで私は和菓子が好きになり、虎屋のシリーズは今でもさまざまなシーンで愛用しております。

私がアルバイトをやめてカナダに留学したあともしばらくメールを続けていましたが、2010年ごろを最後にやりとりが途絶えていました。しかし先日、電車に乗っていた際に突然辰野さんのことを思いだし、久しぶりにメッセージを送ってみました。するとなんと「76歳になったよ、元気だよ」と絵文字をたくさん使ってお返事をくださったのです。覚えていてくださって、また、お元気なようで、とてもうれしかったです。

私は辰野さんを通じて日本の女性のやさしさやお土産文化を知りました。お土産をいただくことで、そのお店やその土地について印象づけられて興味が湧きますし、贈り主への感謝の気持ちも自然と深まります。

また、辰野さんからは、年齢もバックグラウンドも関係なく、心さえきちんとしていればどんな人とでも交流ができるのだと教えていただきました。社会のことなど右も左もわからず、年の離れた大人との付き合いにも乏しい学生時代の私にとっては、自分とはまったく異なる人生を歩んでいる辰野さんのようなすてきな先人と接する機会をもてたことが、アルバイトによって得られた金銭以上に貴重なものでした。

諸外国では、学生がアルバイトするのは決して当たり前ではありません。ただ、日本と違って高校を卒業してすぐ大学に行くとは限らず、社会人になってから大学院に通う人もたくさんいます。大学の中に年齢的な多様性があるのです。一方で日本は18、9歳でほとんどの人が大学に入学して4年後には卒業するという年齢的な同質性があります。するとそこで接する人たちのほとんどは同世代か、大学の先生や職員くらいになります。日本以外の大学ではさまざまな年齢の、さまざまな仕事をしてきた人が集まり、それぞれのバックグラウンドに基づいた発言をすることで議論が豊かになるのです。そうした側面が日本の大学には残念ながら少ないですが、代わりにアルバイトを通じて、学生たちは年齢も価値観も異なる人たちの姿に触れ、社会の営みについて学んでいるのではないでしょうか。

他に学生時代のアルバイトでは、ある大手通信会社のインターネット加入のお電話相談のオペレーターをしたこともあります。そうです、そんな時代もありましたし、そんな仕事もありましたよね。

外国人でも電話オペレーターができるか、という疑問も初めはあったのですが、そのときの責任者はありがたいことに、日本語がネイティブ並みに話せるからという理由で採用してくれたのです。大学に行きながら、空いた時間に麻布十番《あざぶじゅうばん》へ仕事に通った、気兼《きが》ねない良い時間だったと思い出します。特に学生時代は、麻布十番に対する憧れが強かったのを覚えております。

その職場にいるのはいつも3、4人で、矢部さんという責任者の次に偉い女性が、いつも休み時間に近所のおいしいベーカリーのパンを買ってきてくれました。学生時代、パンはコンビニの菓子パンがメインだったから、その職場に行くのがいつも楽しみでした。パンだけではなく、職場にはいつもお菓子がありました。

日本では、さまざまなシーンにお菓子がつきものです。それは場を和《なご》ませる力があるのだと、私はこの経験を通して身につきました。

そういえば食べものというと、私の義母も恐ろしいくらいです。どんな時間でも私を見るたびに「お茶どう?」「買ってきたばかりのケーキあるわよ」「おいしいハチャプリがあるよ」「良いサラミを買ってきた」「うまい豚のお肉を焼いたわ」と容赦《ようしゃ》なくすすめてきます。だから食べものの持つ力というのは、どの国も共通かもしれません。

しかし、日本は無類のお菓子王国だと思います。各市町村ごとに地元のお菓子があるし、期間限定や数量限定のものもあります。それぞれ丁寧に包装されていて、だいたい食べやすい形にもなっています。

私もいろんな経験を通して、お菓子が運ぶ大切な気持ちやチームワークにもたらす力を知りました。だから、ジョージア大使館にはお菓子がない日がほとんどありません。

早稲田の良さとは何か

社会に出てから、早稲田の良さをしみじみと感じます。早稲田出身者は同窓だとわかるだけで互いに距離がぐっと近づく愛校精神の高さ、仲間意識が芽生えるのです。

私は新しいことにチャレンジし、こちらから仕掛けていくのが好きですが、その点は早稲田の「開拓者精神」に通じると考えています。また、外交官という仕事においては、人と情報が重要です。その点で政財界やメディア関係者などには早稲田出身者も多く、同窓であることをきっかけに生まれるご縁も少なくありません。もちろん、日本全国にすばらしい大学がたくさん存在していますが、私に合った早稲田大学、そしてこの街で学ぶことができ、非常に幸運だったと感じています。

個人的な恩師としては、在学中には村上春樹論などで知られる文芸批評家の加藤典洋《かとうのりひろ》先生のゼミでお世話になりました。加藤先生は非常に学生思いの良い先生でした。

もうひとり早稲田の教授で特にお世話になったのが、ジャーナリストとして国際情勢に詳しい重村智計《しげむらとしみつ》先生です。重村先生からは「何かエピソードを話すときは、具体的な固有名詞を出すといい。そうすると物語に立体感が出せる」と教えていただきました。重村先生とは今でも個人的にお付き合いがあり、さまざまなアドバイスをいただいています。

早稲田で学んだことがあるからこそ、今の私があると思っています。

第四章 日本人の働き方

就職活動のつらさ

「新卒一括採用」は、日本以外では韓国くらいしか存在しないと言われています。

日本では高校を卒業したら大学に入学するのが当たり前、大学を卒業したらすぐに就職するのが当たり前です。そして多くの企業がもっとも採用活動の中で重点を置くのは新卒採用であり、新卒採用以外で職歴がない人間がどこかの会社に雇われるのは相当に困難になります。大学院に行くわけでも弁護士や公認会計士のような難関国家資格を目指しているわけでもないのに新卒で就職できない、しない人間はまるで「負け組」、問題のある人間であるかのように扱われる風潮が、日本には存在しています。

これは世界的に見ると非常に特殊です。もちろん、日本の新卒一括採用にも、良い面もあるでしょう。日本では若年労働者の失業率は5%以下で、世界平均の10%よりずっと良い数値です。それはこの新卒一括採用のしくみがあるからだと思います。ジョージアではそもそも全体の失業率が10~20%前後であり、日本よりも若者の失業率は断然高いです。

でも私が問題だと思うのは、日本では仕事をしていない人がものすごく冷たい目で見られることです。都市部ならともかく、地方で平日の昼間に大人がブラブラ歩いていると「あの人、やばくない?」と不審者を見るような目を向けられますし、「あそこの家の息子さん、大学出たけど就職してないんだって」といった噂話は、心配から発せられるものではなく、ほとんど悪口と言っていいでしょう。「働いていない状態はよくないもの」という強固な認識があるのです。

大学2、3年生になると多くの親が子供に対して「就活に向けてちゃんと動いているのか」と圧力をかけ始めます。その親からの圧力がどこから来ているかといえば、社会からの圧力です。就職していないと世間の目が厳しいから子供にあれこれ言うわけで、「生計を立てられるのか」とか「この子の将来は大丈夫か」という心配よりも先に、周囲の目を気にしているのです。

ジョージアではそんなことはありません。働いていない人も社会に溶け込んでおり、若者の失業者・求職者に対しても「そうなんだ。そのうち、いいところが見つかったらラッキーだね」くらいのスタンスで、あたたかいのです。

このような日本の特徴は、日本人が誰かと知り合うときに「○○社の課長の誰々さん」「○○大学の教授の誰々さん」という形で、所属とセットになってお互いを認識し、コミュニケーションを取ることにも通じています。

欧米では相手をまず個人として捉え、そのあとで「この人はこういうこともやっている」

「こんな仕事もしているんだね」という付き合い方をします。ところが日本では所属や肩書きがあるのとないのとでは、社会的な地位が天と地ほども違います。だからこそ肩書きがなくならないよう、定年退職した人に天下り先が用意されていたり、顧問職があったりするのかもしれません。

肩書きがなくなった老年男性が急速に衰えるとか、アイデンティティ・クライシスに陥るといった話をよく聞くでしょう。若者についても同様で、学校を卒業しても就職先が得られないと、肩書きのない、何者でもない宙ぶらりんの価値のない存在になってしまう、そう思い込まされています。そういう社会的な重圧のなかで日本の若者は就職活動を強いられているのです。

日本では新卒一括採用であるがゆえに、就活シーズンになると多くの大学生が就活モードに切り替え、リクルートスーツを着て、就活サイトやマニュアルが提供する「自己分析」を行い、自己ＰＲや志望動機、ガクチカ（学生時代に力を入れたこと）を創作して面接に臨みます。

私は、日本の就活がそのようなものであることを知らなかったために、スタートに出遅れてしまいました。また、「なぜこんなことを就職活動している学生に求めるのか」という違和感だらけで、日本の就活のやり方を飲み込むのにも時間がかかりました。早稲田大学ですから、周囲の日本人の友人たちの大半はそつなく就活に適応し、「このような私自身の経験から御社に憧れがあり」「この会社でこのような仕事に取り組みたいと思っています」等々、あることないことを作り出して面接を乗り切り、内定をもらっていました。

しかし私は就活用に自分を作ったり演出したりして、エントリーシートや面接のためにウソをつくことにどうしても抵抗がありました。入る気がしない会社にも応募して、本命のために練習するようなことにも積極的になれず、結果、数社受けたもののすべてダメでした。

私は本音ではジョージアのために仕事をしたいと思っていたのですが、大学卒業後すぐにそれにつながる就職先が具体的には見つからず、あまり本気でなく就活に臨んでいましたから「志望動機は?」などと聞かれても、困ってしまったのです。

就活がうまくいかないタイプの学生は皆そうではないかと思うのですが、落ちるとますますやる気がなくなり、「どうせまた落ちるんだろう」と自信もなくなって、さらにうまく話せなくなる負のスパイラルに陥っていきました。就活していたころが、私の人生でもっともつらく、空回りしていた時期だったかもしれません。

そんな私がキッコーマンに拾っていただいたのは、学生向けの新卒採用枠ではなく、外国人採用枠でした。一般的な就活シーズンはとっくに終わっている時期に、たまたま見つけたのです。私の父は発酵の研究もしていましたから、醤油《しょうゆ》という大豆を発酵させて作る調味料のメーカーに多少の縁や興味を感じなかったわけではなく、運良く最終面接まで進むことができました。

でもそれまでの経験から、面接にはあまりにも嫌気がさしていました。ほとんどトラウマと言っていいくらいです。そこで私は「ここも絶対に落ちるから、代わりに弟を面接に行かせよう」と思ったのです。今から考えれば信じられない発想ですが、当時は面接に行くことをそれだけ無謀に感じていたのです。

7歳下の弟と私は髪の色が違いましたから、ドラッグストアでスプレーを買って弟の髪の色を私にそろえてもらい、スーツを着せました。ところが兄弟なのにあまりにも似ておらず、弟の見た目が幼かったため「これはムリだ」と我に返り、ダメ元で自分で面接に向かいました。そして奇跡的に内定をいただくことができたのです。

他の会社にはことごとく落ちたのにキッコーマンが採用してくれた理由は当時はまったくわからず、内定の連絡を受けたときは何かの間違いだとさえ思いました。ただ、今思えば、それも相性というか縁だったと思いますし、採用してもらって感謝の気持ちでいっぱいです。なので、就活のアドバイスだけは私に相談するのはあまり相応《ふさわ》しくないかもしれません(笑)。

就職活動とその後の仕事そのものは、やってもやらなくても同じような無駄な仕事、事務作業だとばかり感じました。日本の就活では学生にエントリーシートや面接で膨大な作業をさせるわりに、そこで出てくる回答の多くが本音ではないことを企業側もわかっています。多くの人が遊んでばかりだった学生生活から、瞬時に「就活モード」を取り繕《つくろ》う日本人には、ある意味で感心させられました。

しかし、今になって、無駄に思えたものにも実は意味があるのだと徐々に気づいてきました。私自身が、大使館のスタッフに「やっても無駄だ」と思われても仕方ないような仕事を振る場面が出てきたのです。ひょっとしたらやらないほうが労力もかからず、良いかもしれない。しかし無駄だと明確に言い切ることができず、むしろそれをやりきることによって成果に微妙な差が生まれる、という作業です。

仕事の責任者になったことによって、当時は無駄じゃないかと感じていた就活での複雑な作業やキッコーマンでの仕事を肯定的に見ることができるようになりました。これには自分でも驚いています。

とはいえ、大抵の場合、企業の中途採用試験やアルバイトの採用ではもっと応募者も採用者側もフランクで、試験や面接の内容も簡素なのですから、新卒採用もあそこまで儀式的である必然性はないでしょう。もう少しスピーディに、応募者にとっても採用する側にとっても少ない負担でマッチングするやり方があるはずです。

老舗企業キッコーマンで経験したこと

こんな私を拾ってくれたキッコーマンは、非常に懐が広い会社だと思います。

と同時に、明治20年（1887年）に結成された野田醤油醸造《じょうぞう》組合を前身とする歴史ある日本企業だからこそのしきたり、組織の力学が強固に存在していました。

日本には大企業が多く、ジョージアは中小企業が多いのですが、両国の違いはそれだけではありません。ジョージアでは、ソ連崩壊によって体制が変わったとき、それまでの企業が解体される事態も起こりました。ですから日本のように100年、200年続いている長寿企業がほぼ存在しないのです。ほとんどの企業は1990年代初頭に独立した後に設立された、新しい会社なのです。したがって社内ルールも意思決定プロセスは日本の老舗企業のように複雑ではありません。

私がキッコーマンで最初に衝撃を受けたのは、集団行動に対する意識の高さです。「これが日本企業か」と感じました。

私は幼少期から約15年にわたって日本に住んでいましたから、ほかの日本人と同じくらい日本のことがよくわかっているだろうし、十分になじめるはずだと思っていました。学生時代には和敬塾で寮生活も経験し、「これで日本社会で求められる集団生活について、だいぶわかった」と思っていたのですが、会社に入ってみると、さらに一線を画す視界が会社生活では広がっていたのです。「これはまた次元が違うな」と面食らいました。

たとえば、会社で何か説明があると、それを行動に移したり、何かをこなしたりする必要が生じます。キッコーマンでは会社のメンバーみんなが一瞬ですべてを理解してうまく担当を割り振り、実現に向けて阿吽《あうん》の呼吸で動いていました。最初の方針説明自体は、受け取る個々人によって解釈の幅があるように私には感じられたのですが、組織内で齟齬《そご》が出ないように管理職が咀嚼《そしゃく》・調整して現場に伝播《でんぱ》し、役割分担していくのです。

これには衝撃を受けましたし、ついていけない場面がよくありました。キッコーマンという会社組織のことがまだわかっていないからできないのかなと思って同期を見ると、私以外は最初からうまく振る舞い、仕事を上手にこなしていたのです。

これは私が中高時代の部活や大学のサークル活動やアルバイトで経験してきた組織行動とはレベルが異なるものでした。集団行動で本気を出す姿勢に驚嘆しましたし、周囲と比べると私自身は「どんなことをやらなければいけないのか」というタスクを飲み込み、自分がそれをやる意味を見いだして着手するまでに労力が必要であるのにも驚きました。

日本人は個人としてやりたいとかやりたくないということを抜きにして、「組織としてこれをやる」「だからあなたはこれをやりなさい」と決まると、サクサク仕事を楽しんでこなせる人が多いのか、と改めて気づかされました。

私は子供のころに部活でハンドボールを好きでやっていました。だから情熱を持てたし、チームを強くしたいという気持ちがあって、無我夢中で集団行動もできました。

ところが仕事では、必ずしも自分が好きなものに取り組むわけではありません。日本ではいわゆるローテーション人事が象徴するように、「私はマーケティングの仕事が向いている、この道のスペシャリストになりたい」と思っていても、人事異動で全然別の部署に配属になることがざらにあり、どんな場所でも一定以上の成果を挙げられるジェネラリストが高く評価される会社も少なくありません。このような人事のスタイルは「どこの会社でも通用するプロフェッショナル人材を育てる」ものではなく、「その会社のことなら一通りわかる人間を育てる」ことに向いています。「この会社のことが好き」なら一生懸命になれる人にフィットし、「このタイプの仕事が好き」という人は異動先によっては苦労するしくみだと言えます。

私は入社時点ではキッコーマンという会社のことが特別好きだとは思っていませんでしたし、メンバーの一員として組織に貢献したい気持ちも育っていませんでした。だから目の前の業務に取り組もうにも、気持ちが付いてこなかったのです。

また、面食らったのは、一度「やるぞ」と決まったことについては、先ほど述べた通り集団で驚くほど早く動くのですが、決まるまでの意思決定のプロセスはきわめて慎重で遅いというギャップに関してもです。しかも物事を決める際にも、決まったあとにも、各個人の意思や裁量はそれほど大事にされていないような印象を受けました。これはその個人が集団に対してロイヤリティが高く、考えや価値観が一体化していることを暗黙の前提にしているからではないでしょうか。

キッコーマンでは社員に対してはものすごくぬくもりを持ってくださり、私が退職するにあたって一番聞かれた質問は「何が合わなかったの?」でした。これは逆に言うと、価値観や職場の人間関係、あるいは業務とフィットさえしていれば人間は仕事を辞めないと考えている、ないしは、辞める理由として「合わない」ことを挙げる人がそれまでも多かったからこそ出てくる発言でしょう。仮に待遇に不満を抱いて辞める人が多かったりしたら、「合う／合わない」の問題だという聞き方はしないでしょう。そのくらい会社と従業員が「合う」ことを重視しているようです。

しかし私はそもそもその「従業員は会社が大好きである」「会社と従業員は一体化した存在である」という価値観になじめませんでした。私が日本企業の良さでもあり問題点でもあると思う点に、社員を家族のひとりとして見るような文化があります。

キッコーマンもほかの日本の大企業同様に福利厚生がしっかりしており、しかし初任給や若手の給料はボーナスを含めても高くありません。ほかの先進国と呼ばれている国、たとえば欧米の企業と比べても給与水準は低いです。基本給はそんなに出ない、しかし手当が厚いのが日本の大手企業の給与体系の特徴です。たとえばスーツ代や家賃に少し補助が出たり、交通費が出たり、会社の株を良い条件で買えたり、さまざまな手当が用意されている。

そんなにあれこれ手当を作るくらいなら基本給を上げればいいのではとも思う一方、なぜそんな制度なのかと考えると、おそらく社員を家族のひとりとして見ているからではないでしょうか。遊ぶお金に関しては積極的に出さないけれども（特に若いうちは）、働く上で、生きていく上で必要なことにはお金を出すよ、だって家族の一員だもの、と。そして長年ずっといっしょに過ごす家族と捉えているから、個々人の能力や成果、業務内容がどうであれ、一般的に子供の教育費などで一番お金のかかる40代、50代の時期に給与が高くなるように設計されているのです。

日本の老舗企業は、手取り足取り、赤子が大人になるまでの面倒を見るように、従業員ひとりひとりがしっかり仕事を覚えていくことにフォーカスしています。若手は少しずつしか成長ができない前提の制度設計です。仕事がろくにできなかった私が言うのもなんですが、一人前になるまでにものすごく時間がかかるシステムだと感じます。従業員に対して猶予を与えすぎではないかと思うくらい、結果を出しても出さなくてもとにかく「勉強しなさい」と言うのですね。

ひとつひとつの作業に関しても、よく言えば非常にこまやか、悪く言えばバカ丁寧です。簡素化できることを知りながらもあえて時間がかかるやり方を選択しているから、遅いのです。私と親しいある駐日大使は、日本人の仕事ぶりをこのように形容していました。

思います。

「efficiency with no speed」――つまり「速度のない効率性」だ、と。よく言ったものだと

その丁寧さがお中元《ちゅうげん》やお歳暮《せいぼ》、接待であるとか、手紙は気持ちを込めて手で書くといった気遣いの文化にもつながっているのですが、少子高齢化で人手不足が深刻になるなかで、どこまでこれまでのスローで丁寧なやり方でいけるのか、日本の伝統的な会社文化の良さを残しながら今の時代に、そして国際的なビジネスのスピード感に合わせていけるのかが、日本社会の課題のひとつでしょう。

仕事のスピード感の問題もありますが、私がキッコーマンを辞めたもっとも大きな理由は、先ほども少し触れた通り、会社から求められるものに対して情熱が持てなかったからです。おそらく情熱を持ち、「私もこの会社の一員なんだ」と思えていれば、他の社員のように一生懸命にできたでしょうし、会社の考えを察し、ゴールに向かって私がやるべきことを自ら考え、行動し、成長もできたでしょう。しかし私は会社の一員として、また、日本社会の中の一員として自分を見ることがどうしてもできませんでした。

ところが日本企業は一体感を前提に仕事をすることを求めます。「違う存在」として仕事に取り組むようなスタンスがあまり許容されていません。当たり前ですが新人である私に

は、自分なりのやり方を試したり、自分のアイデアやオリジナリティと結びつけた仕事に取り組んだりする裁量もありません。ここがもっともつらかったポイントです。日本の会社は、「私」が「公」の上に立たないようなしくみになっていて、それが私には合わなかったのです。

第二章でも触れた「お祭り」のあり方が、日本人の仕事観にも通じる気がします。

お祭りは、外の世界から来た外国人はなかなか簡単には入っていけない領域だと思います。ある意味、閉鎖的なのです。それは、歴史と宗教にもつながっているし、地域の絆によって構成されているからです。だからこそ、とても敷居が高い文化のひとつです。もちろん、見るのは簡単であり誰でもできますが、実際に参加するとなると、そう簡単にはいかないでしょう。

そのとき垣間見《かいまみ》える日本人の精神こそ、仕事の中で発揮されている日本人の底力のようなものではないでしょうか。お祭りでも仕事でも、大きな目的を集団で達成するイメージを日本人はみんな思い描けているように映ります。そうなると、職場という家族同然のメンバーで、何か目的を決めれば、あとはみんな課せられた仕事を力を合わせて猪突猛進《ちょとつもうしん》にこなすだけで、100%以上の力が出ているのです。

そういえば、日本は体操の団体戦が異様に強いです。これは、チームの他のメンバーに迷惑をかけまいと、それぞれが最大限の力を発揮するからだと聞いたことがあります。

今思うに、私がキッコーマンにうまく馴染《なじ》めなかったのは、会社側の問題というより、私側の問題が大きいかもしれません。なかなか仕事で成果を挙げられない私に対して周囲の人たちは非常によくしてくれましたし、「おまえもキッコーマンの一員だ」と認めてくれた方は、仲間として隔《へだ》たりなく付き合ってくれました。私は自分で言うのもなんですが、人には好かれるタイプで、決して心を閉ざしていたとか、まわりに攻撃的な態度を取っていたとか、そういうわけではありません。しかしそれでも、会社コミュニティの一員にはどうしてもなれなかったのです。

それはなぜか。祖国ジョージアのために何かやらなければならない、という思いを捨てられなかったからです。「自分の理想や思いは、それはそれ。目の前の仕事は目の前の仕事」と割り切って目の前の仕事に取り組むことは、私にはできませんでした。私は「仕事のための仕事」をこなすより、何かはっきりと目標を実現するための仕事でないと、納得がいかないタイプなのです。

そんなふうに疎外感を抱いている人間なりに職場に貢献できることはないかと考えて見

つけた居場所が、イベントの際の盛り上げ役です。外国の企業でも職場のメンバーの誕生日などに張り切ってサプライズを用意することがありますが、日本では誰かが退職する際の送別会など、みんなで飲み会をする機会がたくさんあります。そういった宴会《えんかい》で一発芸や余興をやったりして場を盛り立てる文化がありますが、私は仕事以外の部分で、私らしさが発揮できるところで役に立とうと思って本気で取り組みました。

温泉への社員旅行の際には扇子《せんす》を5つ使った芸を披露し、労働組合で春闘《しゅんとう》の際には脚本・演出を担当して劇をやりました。春闘の期間は会社を相手に戦って仕事をボイコットしているという体ですから「労働時間」ではありません。したがって、その時間に仕事をしてもし何か事故があっても労災保険の対象外になってしまいます。ですからその時間、社員は働かずに待機が発生します。でもただ何もせずに待っているとつまらない。だから下の年次の人間が待つ間に余興をやるのです。それを聞いた私は若手を10人ほどまとめて座長になったのです。私自身も「ベースアップ選手」という給料を上げるために働く役として出演もしました。

日本企業は営業成績のような明確で数字で出るものだけではなく、職場を盛り上げる存在であるかといったコミュニケーションも人事評価の一要素になっています。私が海外営業部に配属されたきっかけは、温泉旅行で部長に対してフライング土下座の一発芸をしながら「行かせてください！」と直訴したからです。そもそも私を海外要員に起用する構想はあったのでしょうが、しかし私が日頃から余興の場で存在感をアピールし、職場のムードメーカーとなっていたからこそ認知してもらっており、「1回やらせてみるか」と判断してくださった可能性も否定できません。

先ほどは「日本企業は従業員に猶予を与えすぎている」と否定的に語りましたが、でももし「こいつは使えない」と判断したらすぐにクビを切れる環境だったなら、私は自分が何に向いているのか、どんな職場や業務なら働けそうなのか、何も見つけられないままあっという間に失業者になっていたでしょう。猶予のなかで自分がしたいこと、自分に向いていることを見つめる時間を与えてくれた日本の雇用習慣、そしてキッコーマンの社員に対するあたたかな接し方に感謝していますし、退職したあとになって改めて職場のみなさんのすばらしさを思い出す場面がたくさんありました。

だから、私が新卒で日本の企業に就職しようと思った「大学まで日本に住んだからには日本で社会人生活を経験しないともったいない」という動機は見事な形で満たすことができたのではないかと思います。

駐日大使になってからはキッコーマンの上層部の方ともお付き合いさせていただき、ジョージアと日本の良いご縁作りにも貢献できたと感じています。改めて、この機会に会社時代にお世話になったみなさんに心から感謝と敬意を表したいと思います。陰ながら、キッコーマン商品のさらなる拡売を願っております！

「普通の人」のレベルが普通ではない国・日本

日本人は社会構造的に、富裕層でも貧困層でもない「中間層」が厚いと言われています。これは非常に立派なことです。もちろん日本の政治家もみなさん力を尽くしてがんばっておられますけれども、一生懸命に働いている、まじめでウソをつかず、プロフェッショナル精神を持つ中間層の人たちこそがもっとも尊い存在だと思います。そういう人たちが「普通の人」として当たり前にいて日本社会を支えていますが、これはほかの国ではまったく普通でも当たり前でもないことなのです。

たとえば私のところに取材に来られる記者の方々は、みなさん事前にジョージアのことをよく調べ、私の過去の発言も調べた上で、深いコメントをもらえるよう準備してから取材に臨んできます。ジョージアにも優秀な記者はたくさんいますが、あまり下調べせずに初歩的なことから尋ねてくる記者も正直少なくありません。

そういう記者職の人たちは頭が良くて高学歴な人が多いし、ちゃんとしていて当たり前ではないかと思うかもしれません。しかし、日本では、メディアで取り上げられることもなければ、一般的にステータスがあるとはみなされていないような仕事に就いていらっしゃる人でも仕事に手を抜きません。「そんなにバカ真面目にやらなくてもいいだろう」という、社会で注目されないようなところでも高いプロ意識を持っている。どんな職種、役職であっても、です。これは日本特有のことだと思います。

たとえば清掃員の方がそうですね。外国人は「日本は道もトイレも、どこに行ってもきれいだ」と驚きます。それはもちろん日本人ひとりひとりが汚さないように気をつけていることもありますが、清掃をされる方のクオリティがすばらしいからです。

先日もそれを実感することがありました。デパートの化粧品売り場に行って、保湿用のアフターシェーブローションを探していたのですが、売り場の販売員の女性は非常にテキパキと質問に答えてくれました。失礼ながら初めて知ったブランドの店員さんでしたが、「うちにはアフターシェーブローションはないけれども、ローションはあるし、アフターシェーブローションはこのフロアならあそこで売っているかもしれない」と即座に調べ、その上で「うちの保湿用ローションはこんな感じです」と、ぴかぴかのきれいな手で私の手に塗りながら商品説明をしてくださいました。

その流れはあまりにもスムーズで丁寧で、すべてがこちらの心を読んだかのような対応でした。「この人はサービスのプロだ」と感じ、「こんなによくしてもらうのは悪いな」と思ったほどです。その方に教えていただいた商品を買うことを伝えると、やはり効果が最大限発揮されるような使い方や注意点をひとつひとつわかりやすく教えてくれました。その接客からは、自分の仕事に誇りと責任を持った上で楽しんでいることが伝わってきました。

このように、何気なく足を運んだデパートにこのレベルのスタッフがいるのが日本です。外国人が予期しないようなところで、ものすごいプロフェッショナルと出会えるのが日本なのです。

私が勤めていたキッコーマンにも長年蓄積されたノウハウが山ほどありました。外に出さないのはもったいないと思えるような独自のノウハウがローカルに閉じた形で使われていたりするのです。日本では庶務の女性が会社の歴史に通暁《つうぎょう》していて、何十年も前の出来事を生き字引のように語れたりすることもありますよね。

しかも驚くべきは、従業員と企業とが契約を結んでいるがゆえに徹底してプロフェッショナルとして振る舞っている、というわけではないことです。

日本は会社の中で従業員と会社組織との間で結ぶ契約の内容も曖昧ですし、会社と会社の間の商談ですら契約書なしで話を進めることが多いでしょう。むしろ交渉の内容があらかた決まったあとで事後的に契約を交わす——つまり明文化された契約がなかったとしても、相手がウソをつかない、約束を破らないという信頼に基づいてビジネスが進められていきます。言い換えると、日本人は「言ったことはすべて守る」「発言には責任が伴う」という価値観に厳格なところがあります。

しかし現実には、社内の会議や対外的な交渉ごと、あるいは政治家の発言にしても「言った」「言わない」がいくらでも生じますし、同じ言葉でも受け取り方は人によって変わります。だからこそ契約書で交わしたことや公式な場での発言と、そうでないことを区別する国・地域のほうが世界的には多数なのではないでしょうか。少なくともジョージア人は、日本人ほど言葉に対する責任意識は高くありません。

翻って、「契約で定められていないことはいい加減にやってもかまわない」「オフィシャルな記録に残らない場での発言に責任を負う必要はない」とは日本人は思っていません。

お互いウソをつかないことを前提にして、発言に対する責任を重んじる、そして契約の条文に書かれていなくてもプロとしてこだわりを持って仕事に取り組むというモラルが高い人たちで社会が構成されています。私からするとあまりにも人々の責任感が強すぎて、もう少し肩の力を抜いていいのではないかと思うほどです。

一般の人たちがこれほどまじめでなければ、日本の経済的な繁栄は成し得なかったでしょう。日本は根幹がしっかりしているのです。バブル崩壊後に「失われた30年」と呼ばれた停滞期があったものの、近年では改めて外国の著名な投資家も日本に注目し、高く評価した上で投資をするようになっています。

さらに驚くべき日本人の特徴は、お金にならないことにも最大限パワーを注ぐ点です。私は年末年始のテレビ番組が好きなのですが、『欽《きん》ちゃんの仮装大賞』では芸人やタレントではない一般の素人の方々がとんでもない発想で力を合わせて出し物を披露しますよね。仮装を発表したあとのインタビューでは「会社が終わったあとに毎日みんなで練習して……良いものが作れたなって」などと言って声を詰まらせて涙を流したりします。

『仮装大賞』は入賞すれば賞金がもらえますが、ほとんどの参加者はお金目当てに努力しているのではなく、何かを目標にして一丸となってがんばること自体に価値を見いだしていると思います。趣味に情熱を注ぎ、あれだけの正確な表現ができる日本人はすごいとしか言いようがありません。

私や妻が参加している子供のＰＴＡや保育園の保護者会もそうです。みなさん本職ではなく、学校や保育園からお金をもらっていないどころか頼まれてもいないことにすら、ものすごい時間をかけて議論をし、超細かいところまで丁寧にやっています。うちの妻が入っている保護者会ＬＩＮＥは、１日中通知が止まりません。

私もキッコーマン時代に任意参加のクラブに入ってみた際に、参加者が議題別に書類やプレゼン資料を作って賛成反対の決議を取って、お金の運用についての話し合いをし……と熱心で、「ボランティアなのに、よくここまでしっかりやるな」と驚かされました。日本人は趣味やプライベートの団体に対して、お金をもらって仕事でやるのと同等のクオリティできっちり取り組み、睡眠を削ってまでやる。これは外国の人間からしたら、まったく信じられないことです。

関連することとして、日本人は社会での行いのレベルが非常に高いです。たとえばゴミ出しに関して、とても複雑で外国人にとっては難解なほどのルールを徹底的に守ります。

ジョージアのお客さんが日本に来たとき、みんな口を揃えて言います――「街の清潔なことに驚いた。どんな国に行ってもこんなのは見たことがない」。極め付けが私の妻の発言です。「日本ではゴミさえ抱きしめられるわ」。大袈裟《おおげさ》に聞こえるかもしれませんが、何かいろんなことを集約している気がします。ゴミ出しについては、第七章でも再び触れます。

日本人は「普通の人」が普通でないくらいにすごい。基本的なレベルが高い。このことについて、もっと自信を持っていいと思います。

なんでここまでするのか、さまざまな分析ができると思います。実際にこれを読んでいる人も、脳裏で自分なりにあれこれと巡らせながら考えているのではないでしょうか。

しかし、日本人から何度かこのような言葉を聞いたことがあります――「何もしていないと不安になる」。多くの解説は私からは控えますが、私にとって、このことを巡《めぐ》って一番しっくりくる説明だということだけ言い残しておきます。

なぜ日本の接待文化は発達したのか

日本にはしっかりとした接待文化があります。それがゆえに、会社の重鎮と政治家が秘密裏に会食を行ったりすると、マスコミに取り上げられて法的・社会的な問題に発展することさえあります。ジョージアではそのようなことはまず考えられません。直接的に献金するとまずい場合においしい食事でもてなし、タクシー券を配るといった迂回も必要としません。ある意味で、それだけ日本では接待の文化が発達しているのだと言えるのではないでしょうか。

私は外交の世界に飛び込んで以降、大組織のなかで地位が高い方やさまざまな領域でハイレベルな業績を挙げている方々とも日頃からやりとりしていますが、だんだん「えらい人やすごい人も、みんな同じ人間なんだな」と思うようになりました。それでも驚くことはあり、そのひとつが会食です。

日本では政治家や企業経営者は会食が夜6時、8時、10時と1日に2回も3回もセッティングされていて、それを日々繰り返していると知ったときには衝撃を受けました。もちろんたくさんごはんを食べたいからではなく、地位の高い方にとってはインフォーマルなネットワーキングの機会が重要だからであり、会食をセッティングする側にとっては、たとえおもてなしをする対象が短時間しかその場に滞在しないとしても「手厚く接待した」という事実がのちのち意味を持つと考えられているからでしょう。しかし、それにしてもやりすぎではないかとカルチャーショックを受けました。

接待に加えて、日本では贈答品《ぞうとうひん》文化も発達しています。どの時期、どのイベントには、どんな風に相手にプレゼントを贈るべきなのか、いただいたお返しはどうするのがよいのか、しっかりマナーとして決まっています。もちろんジョージアにもさまざまな記念の贈り物をする慣習はありますが、日本人ほど年に何度も手紙を書き、プレゼントを贈る社会ではありません。日本では年始に年賀状やお年玉をやりとりし、バレンタイン、ホワイトデー、母の日、父の日、お中元、暑中見舞い、寒中見舞い、お歳暮、クリスマス、誕生日、○○記念日、就任・退任祝い等々、無数に機会が用意されています。

なぜ日本ではこれほど贈り物や手紙の文化が発達したのでしょうか？

私が思うに、手紙やプレゼントを贈ることが、相手に対してプラス1回の接触になるからではないでしょうか。

日本は人口が世界で11番目に多い国です。そして会社の歴史も長く、大企業や老舗であれば何十年、何百年前からのさまざまなつながり、お付き合いがあります。和菓子で有名な虎屋などは現在の社長で18代目、約500年も続いていますし、政治家の方も2代目、3代目であれば代々地場の方々との関係性があります。つまり、付き合うべき人がたくさんいる社会だと言えます。

他方、非常に熱心に働く人が多く、みんな忙しくしています。すなわち、付き合うべき人は多いのに使える時間は限られているのです。

ですから本来であれば直接会って挨拶をしたり、近況を語り合ったりして関係性を深めたいところですが、お互いになかなか難しい。だからこそ表立っての、直接の感情表現の代わりに、手紙とプレゼントによって想いや意思を伝える文化が発展したのではないでしょうか。昔からの付き合い、長く持続的な関係の中で互いに贈り合う文化が発達し、今も残っているのだろうと感じます。

たとえば私はジョージア大使として、面識のある方が内閣改造で大臣、副大臣に就任されたら「おめでとうございます」、退任された方々には「お世話になりました」とジョージアワインを贈っています。するとだいたい直筆で一筆添えたお手紙が返ってきます。贈答した方々はその後ご自宅でジョージアワインを飲み、家族とジョージアの話をしてくださり、次にお会いしたときはそのときの印象を語ってくれます。つまり贈り物をすることで、話のネタもできるのです。

このようにして人間関係が醸成されていくと考えると、贈答文化は非常に良いものだと思います。

私は接待と贈答の作法を、上下関係にきっちりしていた和敬塾とキッコーマンでたたき込まれました。

和敬塾で覚えて役に立ったのは、宴席の際の上座・下座に始まり、おごられたときには会計の邪魔にならないように店の外で相手を待って、出てきたところでお礼をすること、タクシーに複数人で乗るときの順番や座る場所などです。キッコーマンでは「半返し」――3万円のものをいただいたら1万5000円のものをお返しする――などですね。

日本は接待や贈り物の礼儀に対してもルールがきっちり決まっています。それを一度覚えてしまえば、ケースバイケースで「こういうときはどうしよう」と悩むことはなく、ある意味で便利です。マナーが接待を円滑にし、人間同士の距離感、コミュニケーションの充実に役立っていると思います。

日々、外交官としてたくさんの政治家と接していますが、日本で仕事をする上ではこうしたマナーを押さえているとやりやすいです。コミュニケーションをするには相手とビジネスレベルで話すための知識ももちろん重要ですが、それだけでは足りません。相手と共通する価値観や振る舞いのプロトコルを身につけていなければ、意思疎通がうまくできません。それには「日本語を学んだ」だけでは足りず、人と人との実践的な付き合いを通じて初めて身につくものが多いのです。

もちろん、本書をお読みの方の中には「そういう付き合いは面倒だ」「ややこしい作法に従うのはごめんだ」と思っている人もおられるでしょう。それはそれで、個人の考えを否定するつもりはありません。また、私も「あいつは礼儀がなってない」などと、うまくできていない人をけなしたり、排除したりする方向にマナーが使われることはあまり歓迎したくはありません。

このような「商習慣」や「ビジネスマナー」がどこまで今の時代に沿っているか、たしかに疑問ですし、細部まで知らなくとも損はしないと思います。しかし言っておきたいのは、私の経験上、そのような決まりを知っていてそれを活用できると、日本の社会ではまだまだ得することが多いということです。

私の場合、一個人としての感覚で仕事をしているわけではなく、日本で人脈を作ること自体が外交官の目的のひとつでありメインの業務ですから、ミッションを遂行していく上では日本のビジネスマナー、贈答品や接待文化の理解は欠かせないものなのです。

そうした立場から意見を言わせていただくなら、接待・贈答品文化は「時代に合っていない」「不正の温床になっている」などと批判されることもありますが、一度中に入ってやり方を覚えてしまえば、そこまで複雑怪奇なものではなく、便利な面もあり、かつ想いを伝え合える良い面もあるものだと、改めて日本のみなさんにお伝えしたいと思います。

歓送迎会は一期一会の精神の表れ

私が大好きな日本の習慣が歓送迎会です。会社であれば異動や離任、学校でも誰かが転校するタイミングには絶対にやりますよね。日本人は一期《いちご》一会《いちえ》を大事にしますが、その感覚がよく表れています。

日本の方は誰でも小さいときから歓送迎会に親しんでいるから当たり前のものだと思っているかもしれませんが、実は歓送迎会文化は、外国には必ずしも存在しません。

私がジョージア外務省に着任してからキッコーマンとの違いを感じたのが、歓迎会がなかったことによる一抹の寂しさです。自分が着任したときも、あるいは誰かが異動や離任したときにも、ジョージアでは歓送迎会をしません。ジョージア人の人間関係が希薄なわけではありません。むしろ人と人との付き合いを重んじる社会です。にもかかわらず歓送迎会文化がないのです。私は着任した際に歓迎会がなかったことで、正直に言うと「これからうまくやっていけるかな」と心細く感じました。

日本は歓送迎会を通じて、入ってきた人に対しては「あなたはこれから集団の一員だよ。いっしょにやっていこうね」とあたたかく迎え入れ、送り出す人に対しても「今まで本当にありがとう。集団を離れても大事に思っているよ」という気持ちを表し、その後の関係性を円滑にし、お互いに気持ちよく過ごせるようにするための時間を作るのが上手だと思います。

特に別れのときに色紙にみんなからの気持ち、メッセージを書いて手渡すのがすばらしい。ほかにも手紙を読み上げたり、手作りのプレゼントを渡したり、その人が好きな食べものをいっしょに食べたりしますよね。日本人は奥ゆかしい人が多く、普段の生活の中ではお互いの気持ちを汲み取り合ってはいても、意外と実際に言葉にすることが少ないでしょう。けれども、送別会のときには去りゆく人のことをいかに大切に想っていたのかを表現し、感謝の言葉を伝えます。

私自身、日本で何度かお別れの会をしていただいたことがありますが、そこでみなさんからいただいた言葉が、自分の人生の門出《かどで》において大きな力になりました。このように、お別れの機会をしっかりと重んじる文化はものすごく良いものです。

先ほども言った通り、ジョージアには似たような会を設ける習慣はありませんが、誰かが去って行くことになっても、集団みんなで過ごす最後の会合や食事の機会を設けることはなく、非常にあっさりしています。日本で過ごした期間の長い私は、てっきりジョージアでも何かしてくれるものだと思い込んでいただけに、歓送迎会文化に慣れた身としては、なんだか寂しく感じました。

日本では「終わり良ければすべてよし」と言います。実際には日々の付き合い、仕事をするなかでは失敗して迷惑をかけてしまうこともあれば、意見が衝突することや「この人はあまり仕事ができないな」と感じることなど、マイナスの感情を抱くことも当然あります。それでも、どこかに誰かを送り出すときはお互いにいい気分で、その人のよいところを伝えて送り出すという暗黙の了解がある。

ある集団を離れて別の場所に移ること、環境が変化することとは、たとえ本人が望んで選んだ道であったとしても「やっていけるかな」と不安なものです。また、「今まで身近な人たちに対して何か貢献できただろうか。自分がしてきたことはこれでよかったんだろうか」とか「悪いことしたな」などと、それまでの振る舞いを反省していたりもします。

そんなときに送別会で「あなたに感謝しているよ。これからも応援しているよ」と言ってもらえることとは、本当にありがたいことです。今はお別れして離ればなれになったとしてもネットでつながり続けることができますが、昔は別れると遠いところに行ってなかなか顔を合わせることも難しかったわけですから、なおさら送別会はありがたいものだったことでしょう。

私がキッコーマンを退社してジョージアに帰国するころは、仕事についていけずに精神的にやられて辞めようと思った部分もあり、心細くてつらい時期でした。けれども友だちが門出をお祝いする送別会を企画してくれて、大勢の友だちが集まり、作ってくれたビデオにはその場に来られなかったたくさんの知人も登場し、みんながあたたかいメッセージを贈ってくれたのです。「ジョージアに帰ってもがんばれよ」「君にはこういう良いところがあるから、絶対うまくいくよ」と。その言葉がどれほど私にとって救いになり、その後の心の支えになったことか。

私もこのような日本ならではの歓送迎会のしきたりを、積極的に仕事に取り入れていきます。送り出してもらったり、新しく着任したりするタイミングで、そのような心づかいを受け取って嫌な気持ちになる人はいませんから。

おそらく今日も日本中のどこかで同じような会が設けられており、日本のみなさんにとっては「よくある風景」のひとつに感じているでしょう。しかし歓送迎会は非常に価値ある行為なのです。

第五章

日本のすごい食文化

和食の本質は「素材の微妙な差異を味わうこと」

日本人はグルメなしでは生きていけないのではないでしょうか。

ジョージア人が来日すると、日本人が食べものの話ばかりすることに驚きます。友人や家族との話題でも食べものに関することが非常に多く、「どのお店がおいしい」といったグルメに対する執着がすごいのです。

テレビ番組も日本では食を扱ったものが多いですね。他の国ではあんなに四六時中やっていないでしょう。ジョージアでは最近やっとテレビでもグルメ番組ができてきて「画期的だ」と評されたほどです。

日本国内ではテレビをつけると食べものの番組ばかりで「恥ずかしい」「嘆かわしい」「もっと報道に力を入れるべきだ」という声もあるようです。しかし日本人が食の持つポテンシャルを最大限に活かしている証拠だと、もっとポジティブに評価していいように思います。

コンビニに置いている飲み物、パンやお菓子の品揃えがこれほど多く、奥が深い国はないでしょう。しかも入れ替わりでどんどん新しいものが出てきます。季節や年単位で入れ替わっていきますし、地域によっても違います。お土産の種類も、ものすごいですよね。

少しアレンジすると、同じ食べものがまったく別のものになるのも興味深いです。たとえばお餅だと、地域ごとに非常に細分化した「〇〇餅」という特産品があります。よく知らない外国人からすると、どれも一緒の「お米を練って焼いたもの」に見えてしまうくらいの微妙な差異に、日本人はこだわります。たとえ見た目が同じものでも、中に詰まったソースの違いやパッケージなどの付加価値によって差別化されています。

あるいは、西洋のお菓子さえも「地域のお土産」にしてしまいますよね。「箱根山麓紅茶のロイヤルミルクティーラングドシャ」といったように。東京駅に行くと、各地方のローカライズされた洋菓子や地域限定品がたくさん売っています。バームクーヘンなどはドイツよりも日本のほうが流行っているそうですね。

日本での食べもののあまりの多種多様ぶりに、私はジョージア人に説明するとき、いつも困り果ててしまいます。「このクッキーは、箱のキティちゃんがこの地域の服を着ているのが独自なんだ」「こっちは関西風でこういう特徴があり、こっちは九州風でこんな特徴がある」などと言っても、日本人なら即座に理解できる前提や文脈を共有していない外国人には「ただのクッキーでしょ?」と思われてしまうほどです。でも、日本の人はそれを楽しんでいます。

ジョージアでも、たとえばハチャプリ（チーズ入りパン）ひとつとっても地域ごとに特色はあります。しかし日本のように、コンビニでクッキーを買うときにチョコレート味やキャラメル味、紅茶味などの選択肢があるのは驚くべきことです。これは日本特有のものだと私は思っています。

さて、ここでひとつ質問です。

「和食」と言って外国人がすぐに連想するものといえばお寿司や天ぷら、焼き鳥や焼き肉などですが、実はこれらの料理には共通点があります。

それはいったい何でしょうか？

答えは「同じ調理方法で素材の違いを楽しむ」ということです。天ぷらであれば「食材を衣に包んで揚げる」という料理の仕方は同じですが、食材による味の違いを楽しみます。お寿司も「シャリの上にネタが載る」という基本的なフォーマットがあり、ネタの違いを味わいます。焼き鳥や焼き肉も、同じ焼き台や網の上で違う部位の肉を焼く。こういったスタイルが日本人は好きなのだと思います。

たとえばフレンチやイタリアンのコース料理では、前菜のサラダとメインディッシュの肉や魚料理では、食材だけでなく調理方法からして違います。ボンゴレのパスタを食べた人が次にアラビアータのパスタをさらに食べ、シメにクリームソースのペンネを食べるなどという振る舞いは、普通はしないわけです。だけれどもお寿司屋さんに行けば、イカに始まりだんだん味の濃いネタに移っていき中トロを食べたり穴子を食べたりしてタマゴをシメにするようなことは、誰でもやっています。

「同じフォーマットで作られたものの『差』を楽しむ」、これが日本の食文化の根底にあるのです。

私はこのことに、食へのこだわりが非常に強い友人と焼き肉屋さんに行ったときに気づきました。彼は注文を決めるのに30分くらい使い、店員さんとメニューを見ながらひたすら相談しまくって、食べる肉の組み合わせを吟味していました。それを見て「そうか、焼き肉は部位と部位の違いを味わうのが楽しいんだな」と感じたのです。これが、お寿司からお土産のクッキーまで共通している、日本の食文化の特徴だと私は思います。

食品売り場は買い物をイベント化する

私はいわゆる「デパ地下」が大好きです。食のワンダーランド、食のアミューズメントパークという感じがしてワクワクします。クリスマスやバレンタイン商戦の時期に覗くと、本当にびっくりしますよね。ケーキやチョコレートが何百、何千種類と置かれていますし、その時期にだけ期間限定で出展して流行っているお店もあります。

日本ではデパートやショッピングセンター、スーパー、コンビニなど、小売店における催事の力がすごいです。それを実現するために、短期間で準備をして売り場の風景をガラリと変え、期間が終わるとパッと片付けるという複雑なオペレーションをしています。

私はキッコーマン勤務時代に、日本の小売店はなんと細かいセールやイベントの設計をしているのかと驚かされました。また、チラシを使って特売のアナウンスをする商習慣にも面食らいました。

多くのスーパーでは、チラシでもっとも目玉にしている特売品は原価割れしていて、売れれば売れるほど赤字になるものが少なくありません。これは非常に衝撃的で、なぜそんなことをするのか最初はわかりませんでした。日本のみなさんはご存じかと思いますが、赤字になるくらい安売りする目玉商品を作ることによって、多くのお客さんを集める、いわば宣伝費として特売はあります。お客さんはお店に来て、特売品のついでに他のものを買ってくれればいい、と。

しかしそれがわかってなお、そもそもたった1日のセールのためにデザインに凝ったチラシをわざわざ作って地域全体に配るのが当たり前になっているのが凄まじいことだと驚きます。ジョージアにはまず、スーパーがチラシで宣伝するという発想がありません。

思うに、日本人は日々の買い物をイベント化するのが好きなのだと思います。

キッコーマンで、私はお醤油など調味料のメーカーとして、スーパーのバイヤーさんを相手に各種商品の出荷の数量調整をしていました。だいたいどのスーパーも特売をしますが、月替わり、週替わり、日替わり、チラシ特売、そのほか期間限定販売などが細かく分かれていました。お正月やひな祭りといった行事に合わせて使う調味料なども変わり、それぞれに付随する無数の専門用語があり、セールの種類や時期によって求められる商品、こちらが売り込むべき商品が変わります。

しかもお店ごとにやり方が違い、ひとつ覚えたと思ったら「いやいや、このお店はこういうやり方だって言ったでしょ」と先輩から注意されることの繰り返しで、慣れるまでにかなりの時間がかかりました。スーパーのバイヤーさんは「去年のこの時期はこういう施策をやり、醤油が何本売れた」といったデータをすべて把握した上でメーカーに対して注文してきますから、新人だった私は教えられることばかりでした。

これほど複雑なことをしている国は、日本くらいのものではないでしょうか。たとえばアメリカで有名なウォルマートでＥＤＬＰ（エブリデイ・ロープライス）、つまり期間限定セールをしない代わりに定番商品を定常的に安く売るという販売戦略を取ることで成功を収めています。お店側からしたら、このように経営する方がはるかにラクです。日本でもＥＤＬＰを取り入れているチェーンはありますが、完全にＥＤＬＰのみというところは比較的少なく、何かしらのセールと組み合わせているところが多いように思います。これは日本では、ＥＤＬＰだと毎日代わり映えしなくて買う側が楽しくないから、言い換えると日々の買い物にもお祭り感覚がないと敬遠してしまうからではないでしょうか。

それに加えて日本では消費期限が短い鮮魚や冷凍していないお肉の流通が非常に重要です。欧米の大型スーパーのようになんでもかんでも冷凍で販売するだけの小売店は、いくら価格が安くてもなかなか日常使いされる人気店にはなりません。

日本人は「今だけ」しか食べられないもの、「今だけ」安いものをイベント化して買うのが好きなのだと思います。それに合わせて小売店側も「売り方」に強いこだわりを持って臨むのが、日本の特徴だと言えます。

ラーメン屋は店ごとの世界観を楽しむもの

私はからだが敏感で、外食にもよく行きますが、食後感を気にするタイプです。食べたあとにどういう気分になるのかを重視してお店を選びます。

第三章でも少しラーメン屋について触れましたが、駐日大使になって以降、改めてラーメンの奥深さに興味が湧いています。日本生活が長いわりに「ファストフードだろう」と思って大人になるまではそれほど手を出していなかったのです。実は私の弟はジョージアで豚骨ラーメン屋をやっていたほどなのですが（このあと弟自身から少し語ってもらおうと思います）、どうしてこの魅力にもっと早く気づけなかったのかと悔やんでいます。

ラーメンの世界は、ジョージアワインに似ています。ジョージアでは家庭ごとに、それぞれが魂を込めてこだわりのワインを作ります。それぞれの味を比べながら飲むのが面白いのです。ラーメンは醸造ではないですが、店主のフィロソフィーが一軒一軒違う点はジョージアワインにそっくりです。

店で出すラーメンをどう設計するかによって、メニューの種類から注文方式、片付け方、店の構造、どのように厨房を見せるのかまで、さまざまな演出、サービスが変わってきます。ラーメンも「同じフォーマットで作られたものの『差』を楽しむ」のが好きな日本人の感性にフィットしています。

たとえば有名なところではラーメン二郎が象徴的です。私の母校・早稲田になくてライバルの慶應義塾大学に唯一あるものがラーメン二郎です。ここだけは私も譲ります。ラーメン二郎は私も好きなお店ですが、二郎では店に入って食券を買って席に着くと、お客さんはみんな静かにして集中力を高めています。これからとんでもない量のもやしと肉、麺を喰らい切るのだ、という緊張感に満ちています。

初めて行ったときには「これはうかつに間違ったことを言えないぞ」という雰囲気に飲まれてしまいました。店舗によってローカルルールがありますが、二郎では基本的にはお店の人から「ニンニク入れますか」と聞かれるまでは勝手にトッピングについて言ってはいけません。聞かれた際には「ニンニク」「ヤサイ」「アブラ（背脂）」「カラメ（醤油）」それぞれについて、追加で入れたいものがあれば「ニンニク、ヤサイ」などと伝え、量をリクエストしたい場合はそれに加えて「マシマシ」（または「かなり多め」）「マシ」（または「多め」）「少なめ」「抜き」を答える――「ニンニク抜きヤサイマシマシ」などといったように――ルールがあります。

日本のラーメン屋は、旨味の出し方、臭みの消し方、味の変化をどう作るか、そのスープともっともよく絡む麺の選定、一口目から食べ切るまでにどんな変化のストーリーを発展させていくのか……これらが店によって驚くほど多種多様に存在しています。いえ、同じ店でもラーメンごとに異なっていて、キリがないほどです。

「ラーメン健太　高円寺本店」の長浜ラーメンもすばらしいですが、健太ではゆで卵が店の入口に置いてあり、客が自由にそれを取って食べるというスタイルです。ただし食べ終えたらその人自身が片付ける、半分セルフサービスのお店です。どうしてそうしているのかといえば、そのお店は店主ひとりしかいないからです。なぜほかのスタッフを雇わないのか。おそらく店主個人の世界観を完全に追究し、提供したいからなのではないでしょうか。「行き届いた接客」という一般的な意味とはまた異なる、ラーメン健太ならではの独特の「サービス精神」を私は感じます。

私のラーメンの師匠であるインスタグラマーのラーメンビースト（Ramen Beast）さんは年間300杯食べ、独自のラーメンアプリまで出していますが、健太を絶賛しています。彼は「東京はラーメン天国で、どんな種類のラーメンでも日本で一番おいしい店があるのは東京である——ただし豚骨を除く。豚骨ラーメンは博多まで行かなければいけない。しかし、健太だけはすばらしい。健太はもともとおいしい店だったが、コロナ禍で閉店し、その間に福岡で修業してまた東京に戻り、店を再開した。すると以前よりもさらにおいしくなっていた」と語っていました。

第三章でも書いた通り、「ラーメンを食べる」という行為は、お店に並ぶところからはじまり、食べ終えてお店を出るまでのすべての工程を含みます。その一連のプロセスを体験したあとに得られる達成感、満足感には、単におなかがいっぱいになったということ以上のものすごいパワーがあります。

外交官としてジョージアから来日した要人をラーメン屋に案内するときには、いつも悩みます。ラーメンの存在自体は今ではジョージアでも知られているので、要人が「ラーメン食べたい」と言ったなら、思い出に残る、特におすすめのユニークなお店に行きたいわけです。しかし、その人の好みやスケジュールなどを考慮して「この店」に絞るのは簡単ではありません。外交官はジョージア国内外の要人をもてなすためのさまざまな引き出しを持っていなければなりませんが、私にとってラーメンの名店情報もそのひとつです。

ラーメンの奥深さを探究するべく、私は妻と頻繁にラーメン屋さんに行っており、時には長文のレビューをSNS上に投稿しています。このレビューが好評で、文字だけのレビューなのに68万インプレッションもあったものもありました。ここでは、その中から2つほどご紹介したいと思います。

東京・高円寺　ラーメン健太

それでは、僭越ながらラーメン健太のレビューに挑戦してみたいと思います。

最初にスープを口にしたときに感じたのは……

いやちょっと待った。スープに関して語り始めるには早すぎる。

その前にまずお店の雰囲気に関して触れなければ、このお店の印象を語ることはできないだろう。店の中はいい具合に雑多だ。まるでお客様がどう思うかを全く気にしていないよと、お店の声が伝わってくる位だ。しかしそれがかえって、味だけにフォーカスしているよ、と主張しているように思えて、店に入った途端から安心感がうまれる。これこそこの店流のおもてなしにも思える。余分なものを全て取り除いている。そして店には店主以外誰一人として働いているものがいない。サービス面においてもかなり簡略だ。券売機で券を買って器はお店の角に自分で片付ける方式だ。半分セルフと言っていい。しかし、店主は必要最低限だが、声をかけてくれたり、客の様子を目配りで気にする。だから、サービス精神はしっかりと感じられる。

そのサービス精神は、入り口に置いてある「ご自由にどうぞ」と書かれた卵にも表れている。その卵がまた絶妙なアクセントになるのだが、それは追って説明する。さて、振り出しに戻るが、まずスープを口にした瞬間、がつんとしたインパクトの強い味が一気に体を駆け巡る。とんこつというと白みがかったスープをイメージしがちだが、思ったよりもクリアだ。だからこそ、その予期せぬ味の濃さに驚いたのは私だけではないだろう。そしてひと口すったのと共に、良からぬ疑いが頭をよぎる。なんと塩気が強いのだ。そして体が求めているものよりも、味がなんというか強すぎるのだ。「何かの誤算か?・」と思った。しかし、そう思ったのもつかの間。

私はすぐそのような疑いを持ったことを謝りたいという気持ちになった。まるで、メロスとセリヌンティウスが互いを疑ったように。そして、自然と許しを求め、心の中でこう唱えた「私を殴れ。ちから一ぱいに頬を殴れ。私は、途中で一度、悪い夢を見た。君が若し私を殴ってくれなかったら、私は君と抱擁する資格さえ無いのだ。殴れ。」

そして、心に平静を取り戻し、2口目に移ろうとした前に私は改めてその味の濃さを分析した。ここは博多ラーメンだ。つまりその独特な硬い細麺を楽しんでこそラーメンと言える。だから、この味の濃さは麺を食べさせるためのバランスなんだと思い、それが故に、限られたメニューの中でも替え玉や半替え玉が目立つ。それに気づいた。そうなってからは、私はひたすらに麺を攻めた。そして麺に合わせてスープをすすった。目の前にはさらに薬味という名の様々な誘惑が広がっている。食べる途中、少しずつ足していって、ラーメンに起承転結や抑揚を出していく。こればっかりは、人それぞれ楽しみ方がある。そしてあっという間に麺がなくなり、私は自然と半替え玉をお願いしますと言った。1分もしないうちにテンポよく店主が替え玉を投入してくれた。ここで大事なことを言いたいがこの店にいる間、7、8

名の客に開放的な空間の中で、店主が等しく気配りをする。その動きに一切の無駄がない。テンポ良い動きで、相手が完食するまでの時間を確認するべく、つきっきりだった。それ故に、居心地の良さがうまれる。

言い忘れた、卵だ。これもラーメンのマジックと言うべきか、ただのゆで卵のはずがどうしてだか特別なものに思えた。スープとのバランスによってとてもまろやかな味わいに思えて、それが食べる工程の全体の中で何とも言えない付加価値となった。食べ終える頃には、様々な味が混ざったスープから不思議と甘いチョコレートのような濃厚な味さえが生まれていた。ここで特筆すべきなのは、スープが食べ終わりの頃もほんのりと温かいことだ。それはこれでもかというぐらい熱々で出てくる、出だしの余韻が最後まで続いているということを改めて思い出させてくれる。そして、食べ終わる頃に食べ始めを思い出させられて、それが全体をひとまとまりにする。

京都

新福菜館

この日は雨だった。お店は20時に閉まるため、自分が行ったのは閉店より少し前だ。雨もあり、行列はほどほどで、少し待てば入れるような状況だった。

ラーメン屋というのは並んでいる時から楽しみが始まる。自分の中で雰囲気が出来上がっていく。店の中の音が漏れて、そして出てくるお客さんの表情から満足度を読み取ろうとする。

しかし、今回は雨という弊害があった。なかなか店の様子が遠目に伝わってこないまま行列が少しずつ進んでいった。傘を持っていたために出てくるお客様の表情もなかなか汲み取ることができなかった。

そんな状況で入店があっという間にやってきて、思いのほかすぐにカウンター席に案内された。厨房の目の前だ。座った途端、プレイゲームだ。相手の自信満々の構えはひしひしと伝わってきた。高いカウンターはまるで要塞のようで、相手の動きは徹底されていて、つけ込む余地がない。

並んでいた時点で注文を取ってあったため、席に着いて間もなく最初の品が運ばれてきた。

付き出し肉だ。

お店に来たことがある人にとってはお馴染みの存在だろう。チャーシューとネギともやしに返しがかかった盛り合わせだ。

チャーシューは肉と脂の部分がはっきりと分かれていて、それでいて調和がある。チャーシューは太ければいいというものではない。そんなのは常識だ。それぞれのチャーシューに合った厚さがある。ここの店はペラペラに薄い。まるで何か別の生き物のようであり、そしてとてもしなやかだ。

私は他の品も待とうかどうか悩んだ。がっぷり行きたい気持ちもあったし、一方で全て揃ってから一緒に楽しみたいという気持ちもあった。

しかし私は思った。そうだ。少しだけつまんで残りはラーメンと一緒に食べようと。これこそ典型的な一石二鳥ではないか。

そして、チャーシューを野菜と絡ませて丁寧に口に運んだ。私がここのチャーシューを表現するなら、これ以外に言葉が思いつかない。「永遠の噛み応え」。寂しかった口の中に一瞬にして嗜好を与えてくれる。「お口の恋人」、それはガムだけではないことがここで証明された。

実は、この瞬間、私のこの店での体験が崩れてしまった。だから、この先どうなったか書くことができない。

それは何故なら、私はこの日、東京に帰らなければならなかった。そしてその前に約束があって、そのお店にも長居ができないことが意識にあった……

チャーシューを初めて噛み締めたときに、広がった味が私にこういった。私を長く楽しんでほしい。私もできればその味の一つ一つの要素をゆっくりと時間をかけて味わいたいと思った。そうしなければ、ここのラーメン屋の本当の意味《あじ》なんてわからないだろうと思った。名店というのはすごい。チャーシューの一切れでそのような壮大なメッセージを伝えることができるのだ！

そうこうしているうちに、焼き飯が運ばれた。

後の予定が気になったためにこの店での経験が不完全になってしまった。だからこの文章も断念しよう、出直してこようと思ったが、せっかくだからやはりこのまま書いてみたいと思う。

そして焼き飯の次は、間髪をいれずにラーメンが運ばれた。よし、ラーメン、焼き飯、付き出し肉のトリオは出揃った。

ラーメンの丼の下には、受け皿が添えてある。そしてその皿の中に汁が垂れている……ラーメンの丼はたぷたぷで、溢れかえらんばかりだ。その下に垂れている感じがいやらしくなく、自信のみなぎりが伝わってくる。

「これがおれのラーメンか、我が物なのか」と完璧な眺めに小さくテーブル下に感嘆する。まわりを見渡す。

いよいよスープをすすろうとレンゲを口に寄せようとする。スープは口に含む前から香りが先に立ち、口腔を満たしてくれる。それによってスープを受け入れる通路は開かれた。

スープは思っていたよりもはるかにあっさり。というよりも押し込んでくる感じがなかった。ラーメンは基本的にパンチが抑えめだ。そのかわり、あとから気づくことがある。野菜の多様な旨味が出てくる。そして、その旨味が「ついておいで」とラーメンの奥深い世界に誘ってくれる。

麺とスープを何回か交互に楽しむ。味わいがだんだん変わっていく。もう少し進める。またさらに。そしてある瞬間、突然箸が止まることに気づく。そして自然と体が半身にずれ、手が反射的に焼き飯に伸びる。スープと焼き飯の相性がまた抜群だ。

言い忘れたことがある。ネギだ。このラーメンの中で、ネギは隠れた主役だ。このネギが一連の流れの中で、清涼感を与えてくれて全体の調和を整える。

その後は、着々と進んだ。どんどん引き込まれていった。塩胡椒で味を変えたり、途中で自家製の唐辛子味噌を加えることで味に抑揚を加えてより、まさに「精一杯」楽しもうとした。

美味しかった。良い経験だった。結果的にやはり、心残りなことがある。それはもう少し時間をかけて味わうことに失敗したことだ。


さて、お次はジョージアでラーメン屋をやっていた弟のニコロスにご登場いただきましょう。

弟・ニコロスが語る ジョージアでのラーメン作り

僕は兄とは7歳違いで、日本で生まれました。つくば育ちで、当時の思い出といえば兄弟で相撲をいっぱいやったこと、それから家族でサッカーやテニスなどのスポーツをしたことです。

僕が小学生のとき、兄はよくラーメン屋につれていってくれて、1食200円で食べられる子供用のラーメンをよくおごってくれました。兄は『ドラゴンボール』のフィギュアを集めていたんですが、僕の友だちにもやさしく、プレゼントしたりしていました。兄は小さいころから社交的で、外面《そとづら》がよかったですね（笑）。

僕が中学2年生だったころが、この本でも語られる、兄の就活期です。兄は当時、毎日憂鬱そうでした。

夏休みのある日、僕が部活から帰ってくると、リビングで暗い顔をしていた兄が

「おまえが代わりに会社の面接に行ってこいよ。それで受かったら面白いじゃん」と突然言ってきて、わけがわからないまま僕はスーツを着せられ、兄の髪の毛と同じ色に髪を染めさせられるという事件がありました。結局「ダメだ、幼すぎて大学生に見えない。やめよう」となりましたが、兄はけっこう本気で、僕がもし高2くらいだったら本当に行かされていたと思います。

兄の代は2008年9月に起きたリーマンショックの余波で就職が厳しい時代だったんですね。でもそれを差し引いても、兄の姿を見ていて、僕は日本で就活する自信はないと思いました。

その後、僕は高1のときに親の仕事の都合でシンガポールに移り、高3までを過ごしたあとジョージアの大学に進みました。日本でも大検（大学入学資格検定）を取っていたのですが、小さいころからアジアにずっといたのでほかの環境に身を置いてみたかったのと、ジョージアには海外で教育を受けてきた人が、受験なしでどの大学でも入れる制度があったからです。

大学在学中にラーメン事業の準備を始め、半年ほど休学して日本で修業したのち、卒業しました。ジョージアでは大学在学中に仕事を始めたり、仕事をしながら大学に行くのは普通なんですね。

僕は小さいころから料理に興味がありましたし、大学では経営学部に進学しましたから、自分でビジネスを起こしてみたいという気持ちがありました。ジョージアで豚骨ラーメンを出すヌードルバーを開店したときは、23歳でした。ビジネスプランを作り、兄の協力も得て日本やジョージアで投資をしてくれる人を募ってゼロから開店資金を集めたんです。


ジョージアでラーメン屋を開いた当初、日本の食べものを提供するお店は全然ありませんでした。日本の料理はそれほど認知されておらず、日本食とは呼べない、アメリカ式の寿司店があるくらいで。だからこそ日本の食べものを出せたらと考えました。

ラーメンを選んだ理由は3つあります。ひとつは『NARUTO』がジョージアでも人気で、主人公のうずまきナルトが好きな食べものがラーメンだったからです。実物を食べたことはなくても、ラーメンなら知っている人がいると見込めたのです。

もうひとつ、ラーメンは日本でも地域やお店によって作り方や味も違いますから、ジョージア流にアレンジすることも許容されるだろう、という考えがありました。

そして食材調達も重要です。日本料理の中でも、新鮮な魚がないと作れないお寿司のように、食材調達のハードルが高いものはジョージアでやるのは困難です。僕はラーメンの中でも豚骨醤油のお店にしましたが、その理由は、ジョージアでは豚肉はよく食べられているけれども骨は捨てられていて、おいしい豚骨スープの材料があったからです。さらに兄のキッコーマンのネットワークなども頼りに、日本の調味料や食材を仕入れるルートも確保できました。麺に関しては日本から製麺機を導入し、自家製麺をお店で作っていました。

実際、非常に本格的なラーメンとして、ジョージアに駐在している日本人や旅行者、インフルエンサーの方々からも高評価でした。

僕が経営していたお店は、日本のような「ラーメン屋」ではなく「ヌードルバー」という業態で、いろいろなものをゆっくり食べたりお酒を飲んだりしたあとで、シメにラーメンを食べる、というものでした。ラーメン以外にもさまざまな日本料理や、ラーメン屋さんによくあるチャーハンなどを提供していました。ジョージアでは当時ラーメン自体になじみがなかったので、ラーメンだけで勝負するよりも、「みんなで夕飯を食べる場所」として位置づけた方がいいと思い、また客単価を考えても お酒を飲めるお店にした方がいいだろうという判断でした。

おかげさまで開店以来好調だったのですが、70席もある広いお店だったこともあり、2020年にコロナ禍が始まって営業が規制され、お客さんが来なくなるとダメージも大きくなってしまい、一度閉店することに決めました。でもまたゆくゆくは日本食やラーメンを出すお店をやりたいという気持ちがあります。

そのときはみなさん、ジョージア観光の際にぜひラーメンを食べにいらしてください。

お弁当は各家庭の味を詰め込んだ小宇宙

日本にはお弁当というすばらしい文化があります。

私が駐日ジョージア大使となり、妻も日本で生活を共にするようになりました。しかし日本生活が始まってから約3年の間、妻は私がお昼に何を食べているのか気にすることがありませんでした。

私は「女性なのだから旦那の食事を作れ」と思っているわけではありません。しかし私はアレルギーが多いこともあって毎食に気を遣わなければならず、また、日常的な家事はお手伝いさんにやっていただいていて妻は時間の融通がきくこともあり、ある日「たまにはお昼ごはんを作って持たせてくれてもいいんじゃない?」と漏らしてしまいました。それを聞いた妻は当然ながら良い気分はしなかったようで、1週間ほどケンカになりました。が、最終的には妻が「わかった」と言い、サイズの異なるタッパーに料理を入れたものを3、4日続けて持たせてくれました。

決してそれに不満があったわけではありませんが、「日本にはお弁当というすばらしい文化がある」と私は伝えました。逆に言えばジョージアには箱の中にさまざまな料理をきれいに詰め、持ち運んで食べるという食文化がありません。おそらく日本以外の多くの国ではそうでしょう。

私の妻はもともとセンスが鋭く、たとえばコンビニに行ったなら商品の並びを眺めて商品設計やラベリングまで細かく観察し、どんな感情が湧き立つのかにマーケティング的な視点から気づくタイプです。ですから日本社会の中にあるさまざまな工夫やブランディングの仕方には敏感でした。なので、「お弁当文化がある」と少し話しただけで、それ以上何も言わなかったのに、あっという間にお弁当について調べ、気が付けばキッチンに各種グッズが揃っていました。弁当を包む風呂敷、型抜き、レイアウトを作るためのハサミ、果ては「曲げわっぱ」までを買ってきては日々試行錯誤し、いつの間にかお弁当作りが上達していきました。

私がお弁当の写真を撮ってSNSに載せると、「なぜこれは水が少し漏れているのだろう?」などと自ら探究し、さらにお弁当作りにハマっていきました。妻のインスタグラム「taishinobento」でその変化の過程を追うことができますので、ぜひご覧ください。

妻は私の友人のモルドバ大使にも影響を与え、駐日大使の間でお弁当文化が広がっています。モルドバ大使の奇抜なお弁当もなかなか面白いですよ。

でも実は私は、日本のみなさんが食べるような本格的なお弁当は幼少期には食べたことがありませんでした。私が日本の学校に通っている間、父母は共働きで忙しく、また、両親は私の妻のように日本の凝ったお弁当文化にハマることもなかったからです。キッコーマンに勤務していたころにも昼食にお弁当を食べている人はほとんどおらず、ランチには連れだってどこかに食べに行くのが当たり前でした。

でもお昼にお弁当を食べるようになってから、生活の質が大きく改善した気がしますし、体調が著しく良くなりました。もちろん外食やテイクアウトのお店にもおいしいところはいくらでもあります。でも、お昼が近くなると「何を食べるか」から自分で決め、「その店は私の体質に合った、アレルギーのない食品を提供しているのだろうか」と調べたり尋ねたりしなければならないというストレスから解放されました。妻は私の体質について熟知していますから、お弁当の中身が確実にからだに優しいものであることがわかっているだけで安心します。もちろん、どんな食べものが出てくるのかも毎回楽しみです。弁当箱を家から持っていき、持って帰ることで、お弁当にも妻にも愛着が湧きます。

味へのこだわりもあります。主食となるお米は質に差が出やすく、非常に重要なのですが、外食する場合、どのお店がどんなお米を使っているのかは事前にはなかなかわかりません。我が家では岩手のひとめぼれや山形のつや姫、兵庫の珍しいお米などを生産者に近い人たちにお願いして手に入れています。野菜や果物もなるべく生産者から直接買うか、畑を持っている農家さんや農業に詳しい方にお願いするか、専門のお店で買っています。

みなさんも日本にお住まいなのであれば、お米にこだわってみてはいかがでしょうか。お米は食事の中心ですから、いいものを食べないともったいない気がします。生活の質が変わりますよ。

お弁当はそういった個人的な、あるいは各家庭ごとの好み、こだわりを詰め込めるのもすばらしいところです。お弁当もラーメン屋と似て、作り手の思想を表現した小宇宙ですね。それはヨーロッパの「コース料理」であるとか、世界各地にある「郷土料理」とはひと味違う、コンパクトな空間のなかに個性を結晶させるという日本らしい食文化であると私は感じます。

今回、お弁当作りについて妻へのインタビューが実現しました。
ジョージアからやってきた妻が、日本のお弁当文化にどのように出会い、実際に作るに至ったのか、ご覧いただければと思います。

アナ夫人のお弁当作り

【お弁当との出会い】

初めて私が「お弁当」を食べたのは、日本に来て間もない、夫と一緒に軽井沢に新幹線で向かうときでした。駅のホームに着いた瞬間から夫は「お弁当」がいかにすばらしく、そして種類が豊富なのかを私に対して熱弁しました。最高時速280キロで動く車中でお弁当のふたを開けたそのとき、私はお弁当に魅了され、それから旅の最大の楽しみのひとつになっています。

新幹線で旅行に行くことが決まると、私の思考はスケジュールや旅の目的地のことよりもまず「どんなお弁当を食べるか」にフォーカスします。そして駅で買った駅弁を片手に新幹線の席に着く瞬間が、至福のひとときです。

とはいうものの、駅で購入するお弁当はあまりに洗練されていて、外国人の私にとって「日本ならではの文化」だったから、自分で作ろうなどという発想には、一度たりともなりませんでした。

それが変わるきっかけは、出張に出かける夫に私が食べものを持たせたときの、ある出来事でした。私は料理した食べものをタッパーに小分けして手渡したのですが、帰ってきた夫は「日本にはすばらしいお弁当の文化があるのに、どうして君はこれで済ませようとするの?」と漏らしたのです。お弁当はお店で買うものばかりではなく、日本の家庭では日常的に家族のために料理を作り、お弁当箱に詰めて持たせるものなのだと、そのとき初めて知りました。

そういえば以前、娘が通っていたインターナショナルスクールでは、お弁当を持たせるルールになっていて、私は日本人のお母さんたちがすばらしいお弁当を作っているのをうすうす知っていました。けれども自らチャレンジしようとは考えたことがありませんでした。そのころの私は白米とお店で買ってきた唐揚げなどのお惣菜をそのままパックに詰めて娘に渡していました。

しかし夫のひとことをきっかけに「私にも日本人のようにお弁当が作れる? 本当に?」というコペルニクス的転回があった——これが私がお弁当作りに取り組んだきっかけです。

私は空のタッパーを返したときの不満そうな夫の顔を思い浮かべながら、近くのショッピングセンターへと足を運びました。これまで子供用のランチボックスは見たことがありますが、大人用の弁当箱は未知のものでした。そこで思い出したのが、私がよく行っていた、Razのグッズが売っているスーパーの2階にあるお店です。

店員に早速お弁当箱について相談したところ、お弁当箱だけでなく、「風呂敷」についても教わりました。その女性は「お弁当を作るなら風呂敷も必要だよ」と言うのです。「風呂敷?」と私の中で戸惑いが膨らんでいきます。風呂敷なるものを、私は見たことも聞いたこともなかったのです。この日が、私と風呂敷とのファーストコンタクトでした。

その女性はこぢんまりとしたきれいな手を用いて、風呂敷のかけ方を私にレクチャーしました。日本人はお弁当にさまざまな料理を少しずつ詰め、箱のふたを閉じ、中身が漏れないように、また持ち運びをしやすいように風呂敷という一枚の布で包むのです。なるほど、とても面白い。

家庭用のお弁当文化とそれに用いるツールを教えてくれたその女性から、私は多大な影響を受けました。その後、私はことあるごとにお店に足を運び、その女性と親しくなります。お弁当作りを始めてから、それまで「小さなお店」に見えていたその場所が、実はお弁当作りに必要なありとあらゆるものが置いてある店だと気づきました。行くたびに新しい発見があり、探すこちら側の意識が変わると、必要としていたものはあらかじめ必ずその店に置いてあったのです。

さて、弁当作りに必要なアイテムは揃った、準備は万端だ、そう思った私は、軽い気持ちでお弁当に関して検索してみました。

そこには無限の世界がありました。

インターネットの中には、ありとあらゆる種類のお弁当が存在していたのです。それまで私が旅行のたびに目にしていた無数の駅弁たちは、お弁当ワールドの氷山の一角にすぎなかったことに、私はまたもカルチャーショックを受けました。

では私は、まず何を考えてお弁当作りに取り組めばいいのでしょう？

気を取り直して調べていくと、お弁当作りの基礎として「色合い」「栄養」そして「味」のバランスが重要だとわかりました。なるほど、思い返してみるとこれまで売店で買ってきた弁当はどれもその基本を踏襲しているではありませんか。

ではなぜ「色合い」「栄養」「味」のバランスを重視するのだろう？

それは食べてくれる相手への思いやりでしょう。見栄えがいいほうが、栄養のバランスがよいほうが、さまざまな味を楽しめたほうが、食べていてうれしい。その思いやる気持ちの数だけ、お弁当の数もまた存在します。お弁当の数だけ、人々が込めたたくさんの感情があります。私はすぐさまそう理解しました。私は今ではお弁当を「box of love」つまり「愛の箱」と呼んでいます。

【お弁当の何が好きですか?】

小さな箱や器を開けると、その中にたくさんの何かが詰まっています。視覚と香りで食べる前からワクワクさせてくれて、口に入れるとそのひとつひとつが感動を与えてくれます。その一連の体験が「お弁当」の好きなところで、自分で買うお弁当でも自分の作ったお弁当でも、それが一番の楽しみです。

私は西洋の国ではこのようなお弁当の文化や形式を一度も見たことがありません。日本ならではのユニークなものだし、非常に文化的な価値が高いと思います。食べものや小物を組み合わせてお弁当でキャラクターやテーマを表現するなど、今や一般家庭の方でもお弁当作りにこだわりを持つ方が少なくないように見えます。どうして広くそのようなことができるようになったのだろう?

これも私にとっては不思議なことです。

【お弁当アカウントでの交流】

私は最初に作ったお弁当をよく覚えています。それは春のこと、家に桜の塩漬けがあったので、それを入れてみようとふと思いついたのです。お弁当を開けて見た夫はとても喜んだようで、写真に撮ってツイッターに載せました。すると多くのコメントが寄せられ、なかには季節が表現されていることに対する反応もありました。この出来事を通じて、私はお弁当とは表現の媒体なのだと知りました。

実は日本に来てからずっと、私にはブログやSNSを始めたいという気持ちがありました。ただ何を投稿するかのコンセプトが定まらず、考えていたのです。そしてある日ついに「お弁当アカウントを作ろう」と思い立ちました。そうすると次は、ネーミングをどうしようか、とても悩みます。夫と散歩中、「大使の弁当」(taishinobento)にしたら？　と言われ、いいアイデアだ！　とそれに決まりました。

私は夫が出張していた日にこれまで作ったすべてのお弁当の写真を、新しく作ったインスタグラムのアカウント「taishinobento」にアップして夫のアカウントをフォローし、こうして「大使の弁当」が生まれました。

早速そのアカウントを夫に見せたところ、そっけなく「うん」と短く返ってきただけで、反応はそれだけでした。
しかしその晩、突然スマートフォンの通知が鳴り始めたのに驚きました。画面を見ると、どうやらインスタグラムに反応があったようです。私にはつれない返事をしただけだった夫は、実はツイッターで「大使の弁当」について投稿してアナウンスしてくれていたのです。その晩、フォロワーやコメントを知らせる通知は鳴り止むことがなく、私はスマホから目が離せなくなりました。リロードするたびにフォロワー数がどんどん増えていく、まさかこんなことになるなんて！

インスタの私のフォロワーは、ほとんどが女性だと思います。私は彼女たちに支えられていつもお弁当作りのモチベーションをもらっています。コメント欄を見なくても彼女たちからの「お弁当作りがんばって」という心の声が聞こえてきて、今では何か気になったことなどがあるといつもインスタに投稿し、多くのコメントをもらっています。お弁当作りで何か気になることがあれば、彼女たちがいつもアドバイスしてくれます。「大使の弁当」は、今では我が家のお弁当作りに欠かせない存在です。

【お弁当作りに思うこと】

朝、私は夫と早めの朝食をとります。

その後、娘たちを保育園に送り届けます。

お弁当作りは家に帰ってきてから始まり、その間、夫は大使館へ行く準備をします。

まず台所をきれいにしてお弁当作りの態勢を整え、目の前がさっぱりした状態で、お弁当に使う材料をすべて広げるのが第一歩です。

お弁当箱に最初に詰めるのは、炊いておいたアツアツの白いごはんです。ごはんは炊きたてがおいしいので、炊飯器から取り出してすぐにお弁当箱に詰め、その上に大きな梅干しを載せます。私はこのプロセスがとても好きです。「弁当の礎」ができたと感じる瞬間だからです。

その後は、メインのおかずや副菜をどう構成するか、完成形を考えながら詰めていきます。もちろん、どのような色合いになるかも大事です。普段、おかずのコーナーには先に下にレタスなど敷いておくことが多いです。

お弁当作りを始めた当初は、小分けの使い捨てカップをよく使っていたけれども、そのやり方は「曲げわっぱ」のお弁当箱を父の日に夫にプレゼントしてからやめました。曲げわっぱはそのままであまりにも美しく、余計なものを入れないほうがきれいに仕上がるからです。

お弁当作りをしながら、私はいろいろなことを考えます。夫はどんなときにこの箱を開けるのか、最初にどんな匂いを感じるのか。開けたときに、どんな気持ちがするか……。

私は、夫がお弁当を開けたときに、どんなに忙しくても家族のことを思い出してもらいたいと思っています。お弁当は「家の一部」なのです。お弁当箱を風呂敷で包むと、家の形に似ているでしょう？　お弁当には白いごはんやさまざまな料理だけでなく、私や子供たちの想いも詰まっています。だから、夫が手作りのお弁当をどこかに持っていくということは、家の外に出かけて行っても、家族のつながり、私たちとの絆がいつでもそばにあるということなのです。私はいつもそれを意識してお弁当を作っています。

第六章

茨城散策と地元の歴史の再発見

謙虚だけど実はすごい茨城県

以前、茨城県知事からオファーをいただき、水戸《みと》で講演する機会がありました。そのとき私は茨城のすばらしさについてお話しさせていただきました。

実は私の日本生活のなかでもっとも長い時間を過ごしたのが茨城県つくば市です。小5から高3までの多感な時期を茨城県で過ごしたのです。

茨城はスポーツが盛んです。元横綱・稀勢《きせ》の里《さと》は茨城出身ですし、サッカーでは鹿島《かしま》アントラーズがありますし、社会人バスケチームも強い。政治でもたとえば衆議院議長（2023年12月時点）の額賀福志郎さんが茨城出身です。

また、言わずもがなで農産物もおいしいものがたくさんあります。たとえば全国一の栗の産地であり、岩間《いわま》の栗はその味に惚《ほ》れ込んだ著名なパティシエが、わざわざ茨城にケーキ屋さんを開業したほどです。ほかにも江戸崎《えどさき》かぼちゃやウドなど、渋い作物に強いのです。水がいいからお酒もおいしく、常陸野《ひたちの》ネストビールはクラフトビールとして国内外の賞を受賞しています。自然豊かで日本で2番目に大きい湖である霞ヶ浦《かすみうら》や、「西の富士、東の筑波《つくば》」と言われた名山・筑波山、紅葉の名所で日本三名瀑《めいばく》のひとつである袋《ふくろ》田《だ》の滝もあります。とにかく魅力たっぷりな土地なのです。

にもかかわらず、やや影が薄いのが茨城です。なぜかといえば、県民のみなさんが謙虚で恥ずかしがり屋さんが多く、あまり自己主張をしないからです。そのぶん、やさしい人ばかりです。

実は茨城県は東京から1時間もかからず行け、関東近県からの通勤や観光にも不自由がありません。でもちょっとしたトリックがあります。

さて、茨城から東京に行くにはどの県を通らないと行けないでしょうか？

これは私が中学校の時に社会のテストで出た問題ですが、答えは埼玉県と千葉県です。「え、ふたつも越えないといけないの？」と思うかもしれません。埼玉と千葉を通過する区間はほんのわずかなのですが、しかし茨城と東京は間に2つの県を挟んでおり、心理的にたいへん遠く感じてしまいます。

特に私がつくば市に住んでいたころには、東京に出る機会は月に1回あるかないかでした。それがつくばエクスプレスが2005年に開業した後ではずいぶん変わっています。画期的なことに、つくばから秋葉原まで45分で行けるようになったのです。それまでは常磐《じょうばん》線の牛久《うしく》か土浦《つちうら》に行くか、つくばセンターからバスに乗る必要があり、時間ももっとかかりましたし、何より心理的に遠い気がしました。

しかし、つくばエクスプレス開業で時代が変わりました。茨城から見たらもはや東京は遠くないのです。でも東京から見ると、茨城に通勤される方以外は意外とそれに気づいていないのです。これが東京を中心とするメディアで、茨城があまり扱われない理由だと思います。

こんなことを茨城の方にお話ししたら「この人は本物の茨城人だ」とお褒めいただきました。

そんな茨城県のなかでも、また日本にとっても、つくば市は重要な場所です。

資源がない日本は、科学とテクノロジーを使った商品開発やもの作りによって繁栄を築いてきましたが、その研究の中心のひとつがつくばであり、さまざまな研究機関、施設が密集している場所なのです。産業的な意味でも大事な場所ですし、すぐにお金になるわけではないけれども人類の知の営みとしてきわめて重要な基礎科学の研究においてもそうです。

たとえばKEK（高エネルギー加速器研究機構）では、最先端の物理学を駆使した素粒子《そりゅうし》の研究・実験を行っています。ジョージアの関係者が視察する機会があり、私もご一緒したことがありますが、ここには、実在するのかわからない素粒子を見つけるためだけに設計された超巨大な加速器があり、茨城から岐阜にある実験施設に向けて粒子を放つという壮大なスケールの実験をしているのです。世界的に見ても、これほどの規模の施設はほかにはスイスやアメリカくらいにしかないそうです。

この研究には普通の意味での生産性、経済に役に立つ商業化の可能性があるかといえば、ありません。ＫＥＫの方は「人類の夢のためにやっている」と説明されていましたが、こういうことにまで国家が予算を付け、威信をかけて研究している、この精神が日本を先進国たらしめたゆえんでしょう。科学、技術、研究が日本の繁栄の土台にあるのだという信念があるのだと思います。近年では財政難から文科省が大学の研究予算を削っていることがたびたび報道されていますが、日本には科学研究、技術開発における国際的な卓越性を決して失ってほしくありません。

私は小さいころから広島でもつくばでも父に何度となく研究室に連れて行ってもらいましたから、理系の研究者がどんな仕事をしているかはよく知っているつもりです。私自身は1日中研究室で研究や実験をしているよりも、人と会ったり話したりするほうが向いていると思って今の外交官の仕事に行き着きましたが、父や祖父に限らず、自分の家系には科学者、研究者の類いの人が多く、論理的な思考や科学に基づいた発想は自分にもあるように感じています（実際、中学、高校時代は数学をはじめ、理系科目が好きでした）。ですから科学やテクノロジーに携わっている人には親近感があるし、非常に尊い存在だと思っています。

アヴィと巡るつくば・土浦の史跡

といっても、この章ではつくばを巡る理系的な話ではなく、つくばの文化や歴史についてみなさんにお伝えしていきたいと考えています。

私がつくばで過ごした小中学生時代に英語を教わっていた、ユダヤ系アメリカ人のアヴィとともにつくばを散策していきましょう。

アヴィはニューヨーク出身ですが、筑波大学に留学に来て以来、日本に惚れ込んで40年間つくばに住んでいます。彼は英語の講師であり、翻訳者であり、郷土史家であり、日本の映画やアニメの英語版の吹き替え声優であり、バンドマンでもあり……と、多彩な顔を持っています。ほとんどメディアには出ておらず、一般的な知名度はないものの、日本の歴史に関して異次元なほど詳しく、私は彼から歴史に向かう姿勢を教わりました。

アヴィはお寺や神社、町中にある史跡のひとつひとつの郷土史に至るまで非常によく知っていて、いっしょに歩いているだけで楽しくなります。

どうして私はこの本でアヴィとの散策模様を収録しようと思ったのかというと、つくば市について「何もないところに学園都市をつくった」と言われることに違和感があったからです。そうではないのです。研究機関が集積する以前からつくばには多層的な歴史の積み重なりがあり、その上に今の姿があるのです。

つくばに限らず、日本のみなさんはよく「うちの地元には何もない」「観光名所でもないし、特に歴史がない」と謙遜《けんそん》します。でもそうではないのです。関心を持って調べてみると、どの地域にも実に豊かで興味深い歴史があり、文化があるのです。ですからつくばのこと、茨城のことをもっと知ってほしいだけでなく、読者のみなさん自身が今お住まいの地域、出身の町の歴史の面白さについて目を向けてもらいたいという想いから、アヴィとの町歩きをお届けします。

N
W
E
S
0
2km
筑波山
筑波山ロープウェイ
筑波山ケーブルカー
125
408
筑波
フルーツライン
125
土浦北IC
日輪寺
408
研究学園駅
つくば駅
常磐自動車道
6
般若寺
上高津貝塚
ふるさと歴史の広場
大杉神社
354
つくばエクスプレス
大鷲神社
手代木中学校
万博記念公園駅
圏央道
桜土浦IC
つくば中央IC
つくばJCT
354
常磐線
みどりの駅
荒川沖駅

つくば・土浦周辺地図

上高津《かみたかつ》貝塚《かいづか》で歴史の積み重ねを感じる

レジャバ アヴィ、久しぶり。今日はよろしく。

アヴィ やあ、テムカ（レジャバ大使の愛称）、いつも新聞で活躍を見ているよ。

じゃあ早速、今日は茨城、特につくばや土浦周辺の歴史を紹介していこう。ひとことで言うと、このあたりでは丘があるところには縄文時代の貝塚があり、石器時代の古墳《こふん》もあって、そういう小高い場所には鎌倉時代や南北朝時代には砦《とりで》や城が築かれ、あるいは神仏習合の聖地として敬《うやま》われた。近世から近代にかけて日本の愛国主義運動である水戸学の中心地となったため、明治には廃仏《はいぶつ》毀《き》釈《しゃく》が起こって神社になり……と、こんなふうに歴史が重なっている。そこが面白い。

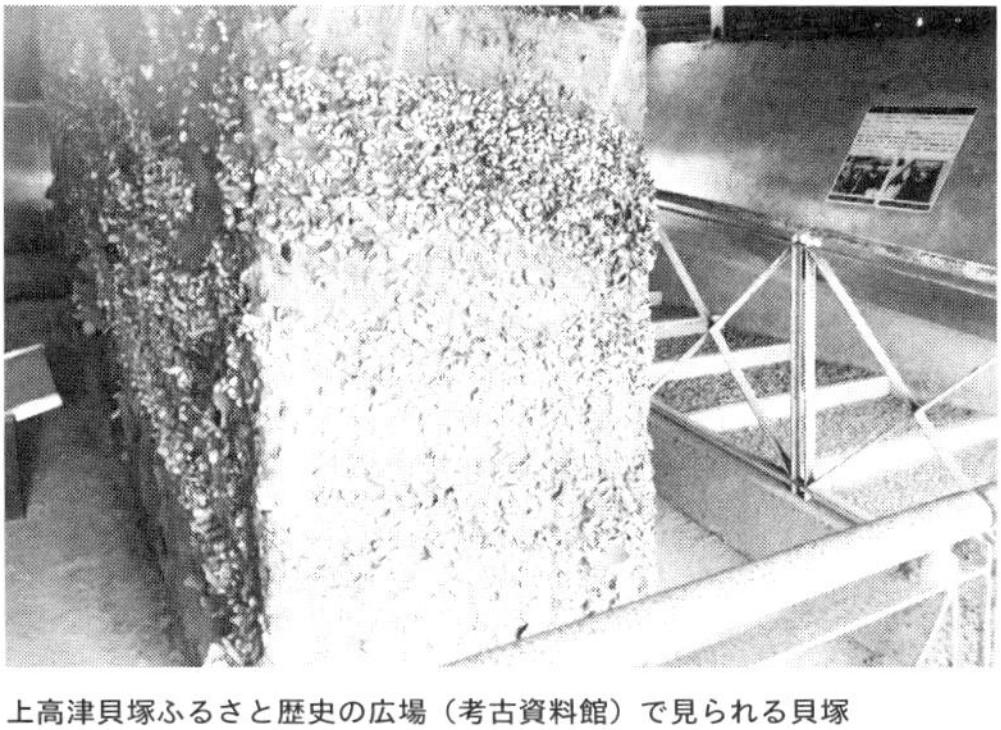

上高津貝塚ふるさと歴史の広場（考古資料館）で見られる貝塚

遺跡・史跡の数は非常に多くて、たとえばつくば市内には古墳が400くらいある。つくばでは開発されたときにあまり大事にされず、駐車場になってしまったようなところもあるけど、ここ、土浦市にある上高津貝塚は全国的に見ても立派で大きい貝塚が残っている。

レジャバ ジョージアにも、首都トビリシからそう遠くないトリアレティという地域には古墳がたくさんあったな。古墳はジョージア語で「ゴラサマルヒ」。ゴラ＝丘、サマルヒ＝お墓という意味だ。考古学者はトルコ系の言葉を使って「コルガニ」と呼んだりする。

だいたい紀元前2200年から紀元前1500年くらいまでがジョージアの古墳時代で、びっくりするような高度な工芸品が出土している。「トリアレティの古墳文化時代」は歴史の教科書にもしっかり書かれていて、ジョージアの古墳はジョージアの歴史を語る上で欠かせない存在なんだ。

アヴィ さて、ここでひとつクイズだ。ここ上高津貝塚は今は広い公園としても市民に愛されていて、ふたご座流星群を見に来たり、毎年花火大会のときには多くの人がここから花火を見たりしている。では土浦の花火大会はどのようにして始まったのか、テムカ、知ってる？

レジャバ　わからないな。

アヴィ　土浦は戦前は海軍の町で、予科練《よかれん》がここにあった。山本五十六《いそろく》が海軍大佐だった40歳くらいのときに2年ほど土浦にいて、彼は海軍航空隊での飛行機事故を減らすための仕事をしていた。山本は新潟県の長岡出身だけれども、長岡の大花火大会は日本三大花火大会のひとつ。だから山本は土浦にある曹洞《そうとう》宗《しゅう》のお寺・神龍寺の秋元梅峯《ばいほう》というお坊さんと相談して、事故の殉職《じゅんしょく》者の供養《くよう》のために土浦でも花火大会を始めたんだ。

レジャバ　なるほどね。こんなふうに縄文時代から近現代までつながっている歴史がこの土地にあることを、アヴィは地元の人さえ知らない史跡を訪れながら教えてくれたよね。

アヴィ　そう。そもそも内陸部の土浦に上高津「貝塚」があるところからして不思議だと思わない？　この貝塚の近くに、

著者とアヴィ（復元された竪穴住居の前で）

レジャバ　霞ヶ浦という大きな湖はある。でも、海からは離れているよね。それなのに土を掘ると「貝」が出てくる。これは昔から不思議に思われていて、だから奈良時代初期に編纂《へんさん》された『常陸国風土記《ふどき》』では、ダイダラボウという巨人が長い手を海辺まで伸ばして潮干狩りをしてこのあたりに貝を捨てたのだ、と書かれている。『ゲゲゲの鬼太郎』とかに出てくる「ダイダラボッチ」ではなくて「ダイダラボウ」ね。

アヴィ　そう。陸平《おかだいら》貝塚や水戸の大串貝塚にはダイダラボウの像があるし、茨城のお祭りではダイダラボウをかたどったものを今でも作って飾っているところがある。ちなみにこれが貝塚、つまり先史時代の遺跡であるということは、文化人類学者のマルセル・モースが1871年に来日したときに初めてわかった。彼は標本を集めに日本にやってきたんだけれども、新橋から横浜に向かう電車に乗っているときに工事現場が目に入って「不思議だな、アメリカにも同じようなネイティブ・アメリカンの遺跡があったな」と気づいて日本で貝塚を発見した。上高津貝塚からはサメやエイの骨が見つかっていて、気候が温暖だった3、4000年前までは茨城の内陸部まで海だったことがわかる。これが縄文時代の話。

時代が下ると、奈良時代末ごろに成立した『万葉集《まんようしゅう》』でも、筑波山の近くまで船で行ったと書かれている。今でも筑波山は「縁結びの山」として観光地になっていて、このへんの寺社では男性器や女性器の形をした石像があちこちにあるけれども、奈良時代には既に求婚のために男女が集まっていたことが『万葉集』から読み取れる。

このあたりは、今言ったように縄文時代の遺跡が多い。もちろん、石器時代の遺跡もあって、ナウマン象の化石だとか、武者塚古墳からは7世紀の人間の結った髪型「みずら」が出土したこともあって、これは非常に珍しい。けれども、弥生時代の遺跡は少ない。なぜかというと、そのころ九州、日本の西側にあったヤマト王権の人たちが船でやってきてこのあたりを支配するようになり、元々住んでいた縄文人が追い出され、良いコメを作れる土地が押さえられてしまったからだと思う。

霞ヶ浦の北西側に位置するのが筑波山だけれども、東国三社と呼ばれる関東における朝廷のシンボル、鹿島神宮、香取《かとり》神宮、息栖《いきす》神社は霞ヶ浦の南東側にある。つまり息栖を入り口にして北西方向に川をのぼり、土浦方向、筑波山方向に朝廷の人たちが入っていったんだろうね。
地元の人は今ではあまり言いたがらないけれども、このあたりにはコメが作れる地域から、コメが作れない「野方」「ヤマ」と呼ばれていた土地に住む人たちへの差別意識が最近まで残っていた。言い換えると、コメがよく取れる地域は権力者の土地だった。

レジャバ　でも学園都市ができてからは農業にはあまり向かない土地のほうが開発が進んで人気が高くなり、地価も上がった。

アヴィ　そう。その逆転も歴史を考えると面白い。次は大杉《おおすぎ》神社に向かおう。

上高津貝塚《かみたかつかいづか》　〒300-0811　茨城県土浦市上高津1843

大杉神社で宗教の歴史に触れる

レジャバ　今日の寺社巡りでは、筑波山神社のような有名なパワースポットや観光名所はあえてすべて外しているんだよね。そうではなくて「一見するとどこにでもありそうなお寺や神社にも実は深い歴史がある」ということを知ってほしいから。読者のみなさんにはぜひ写真も見てほしいけれども、見るからに大きくて立派なお寺や神社にはひとつも行きません。

アヴィ　うん。この地域には大杉神社という名前の神社は複数あるけど、江戸時代に「茨城の東照宮」と呼ばれた、稲敷《いなしき》市にある大きなほうの大杉神社には、当時流行していた天然痘《てんねんとう》を防ぐ、水運の神様が祀られている。僕らが今いるのは、こぢんまりとしたほうの大杉神社。でもここにも重要なものがある。

上高津の大杉神社

ここは明治時代に廃仏毀釈が行われるまではお寺があった。でも神仏分離によって大杉「神社」になった。だけれども隣接している公民館には鎌倉時代の阿弥陀如来像がある。それから、この地域には安産や女性の病気の快癒を願う如意輪観音像が多かったことが史料からはわかっているんだけど、実際に石仏が遺されているのはこのあたりではここだけ。ほかの仏像は廃仏毀釈のときにみんな首を切られてしまった。なぜここに残っているかといえば、皇室とつながりがあったからだという説がある。

　なあテムカ、僕ら外国人の間では「日本は禅の国」とよく言われているよね。

大杉神社に残る石仏

レジャバ　そうだね。日本に来る前は「日本人といえば禅」だと思っている人がたくさんいる。

アヴィ　だけど実際には日本人に一番メジャーで檀家《だんか》の数がもっとも多いのは浄土《じょうど》真宗《しんしゅう》。つくばで多いのは、また違って真言宗《しんごんしゅう》豊《ぶ》山《ざん》派。今の千葉や茨城一帯を巻き込んだ

平将門《たいらのまさかど》の乱のあとに、不動明王の精神力で怨霊《おんりょう》を鎮《しず》めてこの地を治めようと真言宗の僧侶が京都から派遣されて、千葉の成田山などを布教の拠点にしながら広げていったんだ。だからこのあたりには弘法大師《こうぼうだいし》空海《くうかい》のお像がたくさんあるし、密教の経典は梵字《ぼんじ》（サンスクリット語）で書かれていたから、梵字を書いた石碑も残っている。それから、空海が中国（唐）で密教を教わった師匠の恵果からインド由来の儀式を学んだので、真言宗では護摩《ごま》焚《た》きをするけれども、このあたりでも護摩焚きをいつもやっている。だから私は土浦にいるとインドを感じる。

レジャバ そんなこと言う人はアヴィ以外に聞いたことがないよ（笑）。

アヴィ じゃあ、次は般若寺《はんにゃじ》に行ってみよう。

大杉神社《おおすぎじんじゃ》　〒300-0811　茨城県土浦市上高津902

般若寺で河童のミイラと出会う

アヴィ　般若寺は平将門の孫娘の如蔵尼《にょぞうに》が開いた寺と言われていて、鎌倉時代には、つくばに極楽寺を構えた律宗の忍性《にんしょう》様が奈良から来た。忍性は社会福祉を大切にしていて、ハンセン病の方などに献身的に尽くしたことで知られている。当時「殺生《せっしょう》しない」「酒を飲まない」といった仏教の戒律《かいりつ》を大切にした宗派が律宗で、東国にこの教えを改めて布教して戒律を守らせようとした方が忍性様だ。般若寺には仲間の源《げん》海《かい》様を据《す》えて布教を行い、当時のお寺の境界の目印、結界《けっかい》石《せき》が今も残っている。

　この寺の見どころは、ひとつは鼻の大きな大日如来の石仏。これは全国に50くらいしか見つかっていない、非常に独特で珍しいもの。先日、東京ステーションギャラリーで

般若寺

「みちのく　いとしい仏たち」という展示をやっていたんだけれども、そこにも青森県の鼻の大きい大日様がいた。この地域は役行者《えんのぎょうじゃ》、修験道《しゅげんどう》の山伏《やまぶし》の修行がさかんで、それと関係があったらしい。山伏は真言密教と同じで、大日如来を拝《おが》むことが多いからね。ただ、全国で50くらいある鼻が大きくて四角い石仏のなかには、大日如来でないものもある。仏像や仏画では、顔やスタイルの造形ではどの仏様なのかを区別できないんだ。

レジャバ　じゃあ、何で区別するの？

アヴィ　たとえば武器をはじめとする持ち物、それから手の形——どんな印を結んでいるのか、など——だね。西洋美術でも聖書に出てくる人物やギリシア神話の神様を描くときには区別するための目印「アトリビュート」があって、それによって人物を区別しているけれども、仏教美術でも同じなんだよ。

それから、この般若寺のもうひとつの見ど

般若寺の特徴的な石仏

ころは、鎌倉時代の13世紀に律宗のお坊さんによって作られた鐘。これは当時、蒙古《もうこ》襲来に対して戦勝祈願のため作られた鐘で、現在は重要文化財。

最後に、般若寺の住職が兼務している隣村の佐野子《さのこ》・満蔵寺《まんぞうじ》に伝わる河童《かっぱ》の手のミイラだ。

現在はその地の公民館で「かっぱ祭り」というお祭りが毎年6月の第1土曜日にあり、その日は河童の手を公開して町興しをしている。

般若寺の和尚

ああ、お寺の方がいらした。こんにちは。

どうも。河童は妖怪ですから、寺としては河童を信仰対象として拝むことはできませんが、川で悪さをする河童の命を助けた妙沢《みょうたく》和尚を拝むと言うことで、10年ほど前からかっぱ祭りを佐野子地区の皆様と開催しています。河童の手は動かすと大雨が降ったりすると言われていまして、実際に過去に貸し出したときにやはり、よろしくないことが起きました。それ以来、貸し出したりしないことに決めています。

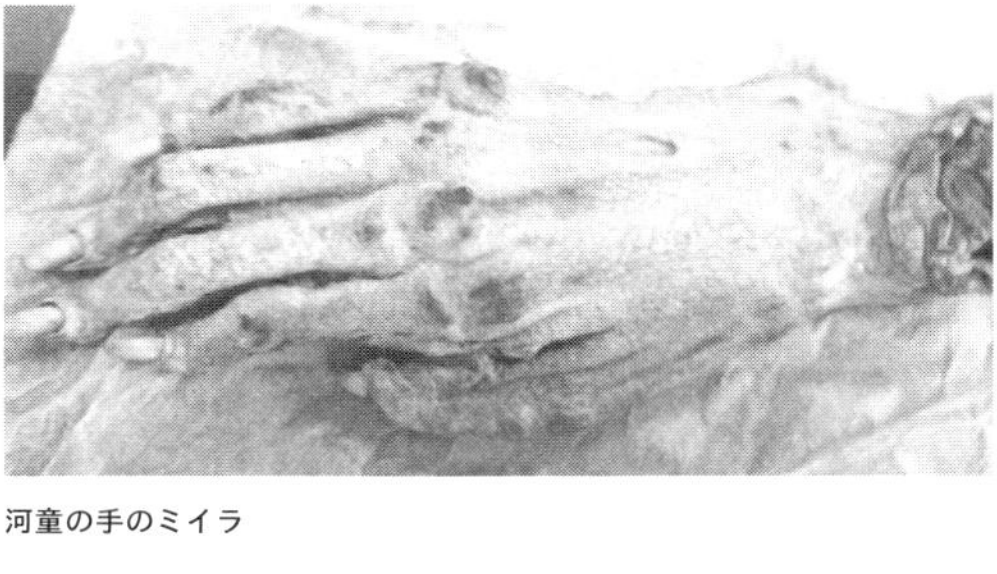

河童の手のミイラ

アヴィ 河童の手はいつの時代の物なんですか？

般若寺の和尚 室町時代の物のようです。以前テレビ番組の企画でレントゲン撮影しましたが、人間の手でもないし猿の手でもなく、結局正体はわかりませんでした。

レジャバ つまり、般若寺は平将門の孫娘が開いたお寺で。その後に律宗のお寺となり、修験道とも関わりのある大日如来の石碑があって、現在は真言密教のお寺。だけど国の重要文化財になっている鐘や結界石、そして河童の手のミイラと興味が尽きないと。アビィに教えてもらわなければ石仏や鐘を観ても「ふーん」程度でスルーしていたと思うけど、改めてひとつひとつ整理すると……ハイブリッドすぎる。

般若寺《はんにゃじ》　〒300-0805　茨城県土浦市宍塚町1461

日輪寺で宗派の多様性を知る

アヴィ　今度は般若寺から移動して日輪寺に来たけれども、この日輪寺も律宗の忍性が作ったと言われている。でも、やっぱり真言宗のお寺。

レジャバ　うーん、ややこしい。

アヴィ　真言宗といえば、弘法大師が修行した88の霊場を辿る「お遍路」が有名だよね。でも関東から四国まで行くのは大変だから、その代わりに「小巡礼」できるような場所を真言宗ではたくさん作った。この日輪寺もそのひとつで、四国の88ヶ所から土を持ってきて、弘法大師を安置した小さなお堂を88個作り、巡礼コースの真ん中には香川県にある金比羅山《こんぴらさん》から持ってきた石碑を置いている。ここは急いで歩けば数分で小巡礼ができるくらい密集し

日輪寺の小巡礼

てお堂を置いているのが特徴だけど、全部回るのに1週間くらいかかる小巡礼スポットもある。
　さっきも言ったように、このあたりのお寺はほとんど真言宗。でもこの近くには踊り念仏《ねんぶつ》で有名な時宗《じしゅう》の一遍《いっぺん》上人のお寺・安養寺もあるし、筑波山は浄土真宗と関係がある伝説も残っている。日本の仏教にはお施餓鬼《せがき》というものがあるよね。生前に悪行などをして餓鬼となった霊魂や、無縁仏のように供養されない死者に施しを行う法会《ほうえ》のこと。真言宗や禅宗では8月に精霊供養として行われている。でも浄土真宗では死んだらすぐ成仏すると考えられているのでお施餓鬼は普通はやらない。茨城では筑波山のあたりだけやる。

レジャバ　それは筑波山が縁結びの山と言われていることとは関係あるの?

アヴィ　いや、ないね。浄土真宗の宗祖とされているのが親鸞《しんらん》だけれども、親鸞は越後に流されたあと、京都に戻らずに茨城の石下町のあたりに来て、それで筑波山にも行った。すると洞窟《どうくつ》にいる餓鬼たちからの助けを求める声が聞こえてきた。親鸞が「念仏を唱えなさい」と言って餓鬼に念仏を唱えさせたあとで水を飲ませると、雲が降りてきて餓鬼たちを乗せて西方の極楽浄土《ごくらくじょうど》に消えていったという逸話がある。だからこの地域では浄土真宗のお寺も例外的にお施餓鬼をやる。

レジャバ 興味深いね。

アヴィ 実はこの日輪寺も昔は山にあった。鎌倉時代からこのあたりの山には城がいくつか作られていて、寺も山にあったんだ。江戸時代に「一国一城令」が定められて多くの城が廃城になり、寺も合わせて山から移されたという歴史がある。

　筑波山神社も昔はお寺だった。江戸時代には、つくばが江戸から見て鬼門の方角に位置していることから、江戸の鬼門を守るお寺として重視された。だけど明治時代に入って1868年に神道の国教化が行われると廃仏毀釈が起こり、そこから筑波山「神社」になったんだ。そして筑波山の知足院中禅寺にあった仁王像などが、破壊を逃れるためにあちこちに隠されて、逃がしきれなかった仏像はみんな首を切られた。これは「縁結びの山」「パワースポット」として観光客を呼び込みたい今の筑波山神社にとっては、あまり言ってほしくない歴史かもしれないけれども。

レジャバ 今の日本人には筑波山といえばまず「神社」だと思われているけれども、日本の仏教の歴史から見ても、さまざまな宗派が関係してきた非常に興味深い場所ということだね。時の権力者たちによって振り回されてもきた。

アヴィ　そう。筑波周辺には、平安時代に天台宗《てんだいしゅう》の最澄《さいちょう》と論争を繰り広げた法相宗《ほっそうしゅう》の徳一《とくいつ》も来てお寺を作っている。文献で確認できる限り、ヤマト王権の時代から聖地として信仰されていて、いろいろな宗派のお坊さんたちが修行し、布教をしてきた場所。

レジャバ　1990年代後半から2010年代にかけては、しげの秀一さんのマンガ『頭文字《イニシャル》D』の影響で、筑波フルーツラインは峠を攻める「走り屋の聖地」でもあったけどね。ドリフトに失敗したクルマが猛スピードで突っ込んだからか、車道脇のガードレールがベコベコにへこんで歩道に倒れ込んでいるところがものすごく多い（笑）。

アヴィ　私がこのあたりが好きなのは、すごく魅力的なお寺や史跡がたくさんあるのに人があまりいなくて、じっくり観られるところ。京都も数え切れないくらい行ったけれども、京都の史跡はいつ行っても混んでいるからね。

日輪寺《にちりんじ》　〒305-0018　茨城県つくば市金田164

大鷲神社と故郷・手代木

レジャバ 次は僕が通っていた中学校のある、手代木《てしろぎ》エリアへ向かおう。

アヴィ 筑波研究学園都市は、ソ連の研究都市ノボシビルスクをモデルにしていたかもしれない。集合住宅のデザインや建て方が似ていると思う。

レジャバ 手代木中学校の近くには、僕らが創設したハンドボール部が練習していたグラウンドもあるし、よくアイスやカップ麺を買ったショッピングセンターのＴＡＩＲＡＹＡもある。そこで食べものを買って公園で遊んだり、公民館で勉強したりしていたな。

アヴィ 今日はテムカが草むらの上で「杉玉」を作っていた大鷲神社に行こう。

レジャバ 杉玉というのは、杉の葉っぱを集めてボールのような形にしたものだね。それをお祭りのときに吊るすんだ。

大鷲神社

アヴィ そう。テムカと弟のニコロス、それからテムカの同級生でやはり私の英語の教え子のヒロキといっしょに杉玉を作った。

レジャバ 当時は今日みたいにアヴィがニコと私を貝塚に連れて行ったこともあったし、蛍がたくさん出て美しい田んぼに連れて行ってもらった夏の夜もあった。古墳のある林で弟が巨大なムカデに刺されて、トゲが抜けなくなって病院行きになったこともあったよね。

アヴィ あったあった(笑)。大鷲神社は杉玉作りの思い出の場所だけど、歴史的にも調べがいがある。この地域で一番古い神社で、由来のわからない謎の石碑がある。「神立《かんだち》神社」と書いてあるんだけれども、なんなのかわかっていない。私の推測では、滋賀《しが》県とつながりがあるのではないかと思う。大津市に神立神社という名前の神社があって、ここと向こうには、似ているところがいくつかあるんだね。このあたりは近くに霞ヶ浦という大きな湖があり、滋賀には琵琶湖《びわこ》がある、とかね。

レジャバ 意外なつながりがあるかもしれないわけだ。大鷲神社の特徴というと?

アヴィ 11月の酉《とり》の日に蛇の形のしめ縄を毎年新しく作る。それから9月のお祭りで瀧みたいな形の花火をやるんだね。茨城の花火の伝統は深くて、地域によってそれぞれ見せ方が違うんだけれども、大鷲神社の花火も非常に美しく、独特だよ。

レジャバ　今見たら、神社から少し歩いたところにソーラーパネルがたくさん設置されているけど、太陽光発電なんて昔はやっていなかったよね。野原だった。

アヴィ　そう。そういう新しいこともやっている。大鷲神社のお祭りは１２００年以上前からやっているとも言われているし、近くの加波山《かばさん》神社では70年前から、毎年9月に「きせる祭り」と言って、巨大なきせるにタバコの葉っぱを目一杯に詰めてみんなで運んで吹かすお祭りもやっている。このあたりではタバコの栽培が盛んなんだ。江戸時代にはタバコ栽培が儲《もう》かりすぎて、このあたりの農民がお米作りをやめてタバコばかり作っていたから禁止になりかけたくらい、手代木のタバコ畑は有名だ。かつては皇室に献上されていた。私は夏にタバコ畑を歩いていると、ノースカロライナにいるような気分になるよ。

レジャバ　手代木にも歴史の積み重なりがあるんだね。

アヴィ　近現代に入ってからもいろいろなことがあった。たとえば戦争のときは出征する前に兵隊がみんなこの神社に来た。と同時に、この神社からそう遠くないところには、マッカーサーから贈られた木が今も目立つようにして生えてもいる。それ

大鷲神社《おおわしじんじゃ》　〒305-0834　茨城県つくば市手代木489

は戦後の占領期にGHQの通訳をしていた地元の名士である沼尻先生に対して贈られたもの。なかなか複雑だね。

身近な場所にも日本らしさ、歴史や文化が眠っている

レジャバ　今日アヴィを通じて私がこの本の読者に伝えたかったのは、今では外国人が日本にやってきて観光することもよくあるけど、そこで多くの人が見ている日本は、車にたとえるなら見た目や速さ、乗り心地のようなわかりやすい部分でしかない、ということ。実はその車を支えているのはエンジンの構造や、外からは見えない技術やしくみだったりするよね。アヴィが語ってくれたのは、今、外国人に「面白い」「クール」と感じられている部分のもっと奥側、裏側、あるいは基盤となっている深い日本の話だと思う。

アヴィ　でも、外国人だけじゃないよ。日本人も日本のことを知らない。どの土地にだってあちこちに興味深い歴史の痕跡があるのに、なかなか目を向けようとしないんだ。

レジャバ　そうだね。アヴィはつくばに40年も住んでいるからこんなに詳しいと思われるか

もしれないけど、日本中あちこち旅行していて、つくばに限らずいろんな場所の歴史や文化を語れるんだよね。

アヴィ 京都も茨城と同じくらい案内できると思うし、屋久島《やくしま》や御蔵島《みくらじま》のように巨木があってドルフィン・スイミングができてオオミズナギドリがいるところも好きだ。小笠原諸島も好きだし、紀伊半島も好きだし……あとは日本じゃないけど、私の地元のニューヨーク・ツアーだって企画できるよ。

レジャバ でも、ニューヨークよりつくばのほうが詳しいんじゃないの？

アヴィ どうかな、そうかもしれない（笑）。

レジャバ アヴィ、今日はありがとう。これを読んでくれた人は今まで知らなかったつくばの歴史を知ってイメージが変わり、もっと歴史を知る旅がしたい、あるいは地元の史跡に目を向けてみようと、きっと思ってくれると信じているよ。

伝統に気軽に出会い、地元を大切にできる社会を

アヴィからつくば周辺の歴史について語ってもらいましたが、いかがでしたか。本当はこの10倍くらいの情報量でみっちりと話をしてくれたのですけれども、紙幅の都合とみな

さんの読みやすさを考えて泣く泣くカットしました。

おそらく多くの日本の方は、アヴィほど日本の歴史、地元の歴史を知らないのではないでしょうか。もっとも、それは歴史に限りません。日本はよく外国から「独特の文化を持っている」「まったくの異世界だ」などと褒められています。でも当の日本人は、その文化をもっと発展させ、生活のなかに取り込むポテンシャルがあるのに、日本人自身が文化・歴史に関心を払わないがために、そうなっていません。これが本当に「もったいない」といつも思っています。

たとえば今の30代くらいまでの世代には、茶道や落語、相撲や書道を身近に感じている人はあまりいないのではないでしょうか。一度もお茶会に行ったことがない、生で相撲を観たことがない、寄席に行ったことがないという方もたくさんおられるでしょう。

もちろん、今のお笑いのなかにも落語のエッセンスは取り入れられていますし、日本人のきめこまやかなサービスやパッケージへのこだわりは、茶道に由来すると思われる要素もあります。

しかし、今の日本のエンタテインメントや礼儀作法、日本人の特徴や強みと言われているもののルーツを、現代の日本人はあまり知らないのです。学生時代に茶道部や落語研究会にでも入っていないと、そうした日本文化にアクセスする機会がないですよね。でも、それはおかしいと思うのです。何かのサークルに入らなくても、ふらっと日本文化を体験できるインフラが整っていて、誰でも日常的な遊び、余暇の過ごし方として選べる、それがあるべき伝統の姿ではないでしょうか。

地元の特産物や食文化への関心や誇りに思う意識も、若い人ほど希薄に感じます。たとえば日本酒であれば、どの地域の人でも、地元や近県に有名な銘酒があります。外国の人に「君の地元はどういうところ？　何か名物はある？」と聞かれたら、居酒屋に行って「これが私の地元のお酒」と言える、お酒の違いを通じて地域の違いについて語ることができる。これはすごいことなんです。

にもかかわらず、若者は日本酒を飲まない、よく知らない人がほとんどです。ジョージア人はみんな自分の家で作るワインや地元のワインに対してこだわりと自負を持っていますから、「どうして日本人はあんなに食べものが好きでいろいろよく知っているのに、地元のお酒には興味がないの？」と私は不思議に思っています。

ほかにも日本といえば俳句や短歌も高度な文化ですが、俳句を自分で作れる人や、好きな俳句や短歌を暗唱できる人も少ないですよね。ジョージアでは小さいころからみんな詩を書きますし、大人の多くは好きな詩や有名な詩を引用して語ることができます。日本でも、平安時代の貴族たちは場面や季節に合わせて当時の教養であった漢詩を引用し、自ら歌を詠《よ》むことができました。今の日本人も見た景色や抱いている感情を周囲の人たちと共有するときに「こういう詩があるけど、こう思う」と語れるようになったら、風流だと思いませんか?

もっとも、日本人が日本の文化や伝統、地元の歴史や名産品に誇りと関心を抱かないことには、おそらく歴史的な経緯があります。

日本では明治時代に近代化する必要が迫られて以来、欧米の列強に追いつくために「古いものはよくないもの」であるかのような考えが広まり、加えて第二次世界大戦後はとにかく早く復興し、急いで経済成長するために効率を追求してきました。

日本人は、外国の技術や文化を吸収してアレンジする力にものすごく長けています。日本人は舶来のものであっても、いいと思えばどんどん受け入れ、日本風に変えて取り入れていく柔軟性があります。それが工業国として成功した理由のひとつだと思います。

文化に目を向けても、たとえば日本のオーケストラは非常にレベルが高いです。13世紀のジョージアを舞台にしたミュージカル『ディミトリ　～曙光に散る紫の花～』をやってくださった宝塚《たからづか》歌劇団は、ドレスを着て歌って踊るミュージカルという洋風の文化に、女性だけを出演者とするなどの独自の要素を組み合わせ、百年以上続く一大エンタメ産業として完成させています。また、ジョージアにはユネスコ無形文化遺産に登録されているポリフォニー（多声合唱）の文化があるのですが、日本の芸能山城組《げいのうやましろぐみ》はジョージアに1960年代から度々訪れ、なんとジョージアのポリフォニーを取り入れて見事に歌うのです。

このように、日本人はほかの国の文化を吸収し、取り入れるのが巧みです。しかし、それが上手すぎて「外」に目が向いてキャッチアップしたり真似したりすることに夢中になってしまい、「日本らしさ」「自分たちならでは」「地元の良さ」が何なのかを見失ってしまう傾向もあるのかもしれません。

その結果、日本ではどの地方都市に行っても駅前には全国チェーンのコンビニや飲食店があり、同じような広告看板がデカデカと出ていて……と似たような景色が広がっていますよね。日本全国、かなりの地域が同じようなデザインや色合いのお店、住宅、街並みになっています。

でも和の文化、あるいは各地域に根ざした独特の文化やデザインのポテンシャルは大きいのです。実にユニークです。みなさんが興味を持って歴史や文化を知り、知識を身につけ、うまく取り入れてプレゼンテーションできるようになれば、間違いなく外国人は今以上に日本に関心を抱きます。アヴィは誰に頼まれたわけでもなくそういう日本の面白さを勝手に掘りまくっている稀有な人ですが、日本人が外国人に向けてきちんと発信してくれさえすれば、積極的に学びたくなるような価値あるものが、日本中にたくさん眠っているのです。

また、アヴィの話からもわかるように、地元の文化や歴史を掘り下げていくと、日本人にとっても貴重な学びになり、教訓になり、そして観光をはじめとするビジネスにもつながるはずです。みなさんにはぜひ、すぐそばにある文化や歴史のすばらしさに気づいてほしいと思います。

第七章
日本社会の背後にあるもの

「細部」に目がいく

この章では日本社会の特徴と、その背景にある日本人のものの見方、価値観、思想について考えてみたいと思います。

私の祖母は、ジョージアから日本によく来ていました。父が日本に留学していたからという理由に加え、彼女は新体操の先生で、日本に新体操を教えに来ていたのです。ですから私にも「日本はね」「日本人はね」といろいろなことを話して聞かせてくれました。なかでも「日本人は、木の全体を見て『きれいな木だな』と心を動かされるよりも、木の枝や葉を見て感動する。それが日本の価値観なんだよ」という話が特に記憶に残っています。

これは私のその後の経験を踏まえても、非常に納得する指摘です。ほかの国の人であればほとんど誰も気にしないような細かいところを、日本人はよく見ています。

私がXで投稿した文章や写真への反応を見てもそうです。みなさん細部にまで目をやり、メインではない要素にも注目してコメントをくれるのです。私には日々DMが届きますが、「何年前にジョージアに行ったんだけど、このときのあれが忘れられない」といったものすごく細かい話を掘り下げた熱心な文章を、私に送ってきてくださいます。しかもひとりふたりではなく、あまりにもたくさんの方が書いてくださるのです。残念ながら、すべてに返事を返せないのを悔しく思っています。

おばあさんから小さいころに聞かされていたことが、SNSを通じてみなさんとコミュニケーションを取るようになり、本当の意味で腹落ちしました。それから、私はXに投稿する際には「きっとここも見てくれるだろう」と思いながら文章の言い回しにこだわり、写真を撮るときにはしかけを考え、工夫するようになりました。するとこちらの期待に応えてみなさん反応してくれます。おそらく日本人は「わかる人にはわかる」みたいなものを楽しむ気質があるのだと思います。

ウェブサイトのデザインを見ても日本人の「細かいところに目が行く」性質がわかりますよね。外国のサイトはすっきりして余計な要素をあまり入れず、構造をわかりやすくしている。ところが日本のウェブサイトは、役所のものを見てもヤフーのようなポータルサイトを見ても、非常にごちゃごちゃしています。いろんなボックスがあって、どういう構成なのかが直感的にはわかりません。これは日本人が細かいところに意識がいくという性質ゆえでしょう。細かいところを見る、見てくれるという前提があるから、雑然としたデザインが許容される、または好まれるのです。日本人は、「自分の求めていた情報があった！」ということに快感をおぼえるのかもしれません。

アニメやマンガを見ていても、ふだん生きていて感じてはいるけれども改めて言語化することがないような気持ちにフォーカスする作品が多いのを感じます。キャラクター同士のやりとり、関係性の描き方が、人間の感情の繊細な揺れ動きを掘り下げ、視聴者に気づきを与えるものになっています。

この細部へのこだわりが、もの作りの精神にもつながっていると思います。たとえばネジひとつとっても、日本のものはほかの国とはレベルが違います。素人目には一見同じように見えても、細かいところに気がつく日本人の手にかかると、品質が段違いになるのです。

ただもちろん、これにも良い面ばかりではありません。細部に執着するあまり、大事なこととそうではないことの優先順位を見失ってしまって「細かいところまで最初からこだわるあまり意思決定が遅い」とか「意見が近い者同士が些事で争うせいで団結できず、ライバルに対抗できなくなる」「制度設計やデザインがややこしすぎて初心者がつまずく」といった事態に陥り、物事の本質が見失われて本末転倒となることを避けるために、自らの注意喚起もたまには必要でしょう。

なので、日本の方にはご自身の認知のバイアスを自覚した上でそれを補足する視点も取り入れ、繊細さと大局観の両方でものごとを捉えていただければ、よりよい世界が作れるのではないかと思います。

ルールの島国・日本——電車の優先席問題から

2023年6月、私が電車の優先席に座って読書している様子を動画に撮って「ゆらゆら都心へ進みます」とツイッター（当時。現「X」）にアップしたところ、3000以上のコメントが付き、1万RT（リツイート。現在の呼称はRP＝リポスト）、2500万インプレッションという驚くほどの反応がありました。

私は日本生活が長いですから、電車の優先席は、必要とする人がいれば譲るべき場所だということは、当然知っていました。ですからそこに誰も座っていないこと、および改めて注意書きの文面を確認した上で、スマートフォンを使用して撮影し、アップしたのです。

すると予想をはるかに超える大きな反響がありました。「優先席に座って大丈夫か」「あそこは誰もいなくても空けておくのが美徳なんだ」といった批判があり、さらにほかのユーザーがその批判に反論するなど、あっという間に私の手を離れて一大論争に発展していったのです。

私は何より、その反応の「量」に驚きました。私の意見に対する批判が多いのか、はたまた擁護が多いのかということよりも、「日本ではこの話題でこれだけ議論が広がるのか」という驚きです。

実のところ、投稿する前から、多少の賛否両論があるかもしれないとは予感していました。しかし、「これは決してマナーを破った行為ではない」と判断し、私なりに信念を持った上で「日本人はルールが必要以上に細かく、同調圧力が強い」ことを伝え、考えてもらいたいと思い、あえて投稿した部分があったのです。

かねてから私は、日本生活の中で、日本人の高い規範や規律意識の裏返しとして、マナーをきっちり知らない、守らない人間に対する厳しい視線があることに、ストレスやプレッシャーを感じていました。日本のみなさんには、さまざまな暗黙のマナーはあまりに当たり前のものであって、問題に感じるどころか、普段意識すらしない方もおられるかもしれません。しかし私のような外国人にとっては、その細やかなマナー、作法に則った振舞いは、日本人の優れた面だと映ることもあれば、逆に出かけることが面倒になるほどの強い圧力のように感じられることも、正直に言えばありました。

ですから私が誰もいない優先席に座ったことへの批判や注意に対し、こちらからも「譲り合いの精神があれば、誰にも迷惑をかけないときに優先席に座るのは問題ないのではないか、ルールばかりを重視して譲り合いの精神がない社会となる方が問題ではないか」と持論を展開しました。「暗黙のルール」を過剰に増やし、また、他者に強制することは、日本社会にとって望ましくないのではないかと伝えたかったのです。するとさらに2500万インプレッションほどの反響があり、ますます議論が激しくなっていきました。

ほとんどの人は私を擁護してくれましたが、1割ほどの人は「優先席を必要としていても、見た目ではわからない人がいる。その人のためを思って空けておくのが本来の姿だ」「自分で『空けてください』と言えない人もいるから座ってはいけない」と主張します。

この反応の大きさは、日本のみなさんも同調圧力を潜在的なプレッシャーに感じていたことの表れではないでしょうか。日本には法律のほかに、車内の注意書きなどのマナー、加えて守るべきとされている不文律が無数に存在しています。その存在をあぶり出すような形で、みなさんがふだん思っても言えないことを私が代弁するような形になったからこそ、大きな反響があったのだと思います。

この件について、日本のテレビ局や新聞社からの出演・取材オファーも相次ぎました。ジョージアではこんなことは話題にすらなりえません。ゴシップや政治家のスキャンダルについて、国民がSNSやマスメディアで議論を交わすことは当然ありますが、公共空間における優先席に関してこんなに熱い議論が起こるなど、想像すらできません。ある意味では日本が平和な証であるとも思いましたし、日本人のルールに対するこだわりが顕著に表れたエピソードであるとも感じます。

日本は明文化された規則が細かく、さらに場所によっても異なります。たとえば公園ひとつとっても、そこでボール遊びをしていいのか、ペットの散歩はいいのか、花火はしていいのか、夜間の立ち入りはよいのか……等々がケースごとに違います。ですからその場所ごとに看板を見てルールを確認しなければいけません。

その上で、明文化されていない暗黙の了解も複雑怪奇なまでに存在します。たとえば私は朝起きてゴミ出しする際に「燃えるゴミに入れていいものは何か」「資源ゴミとして出していいものは何だったか」という明文化された細かい決まりに加えて「朝何時からゴミ出ししていいのか」「ネットのかけ方はこれでよかったか」等々の暗黙の了解まで、ほぼ毎日ルールの存在を意識します。

また、ゴミ出しの帰りには、拙宅の郵便ポストに届いた大量の書類を開封して「平素、云々」と時候の挨拶が書かれた文面を読み、「要点は何か？」を探らなくてはならず、いささかのストレスを感じます。日本人は何かと表現が婉曲で、メッセージを簡潔かつストレートに伝えることを避けますよね。ジョージアや北米では、公的な文書でも私的な通信文でも、そのような冗長さを感じることはあまりありませんでした。

ゴミ出しを終え、朝食を済ませて仕事に出ますと、大使として日本の政治家や役所、企業の方々と日々接します。今度は日本人特有の集団内の序列意識に基づく適切な振る舞いに気を遣うことになります。議題になっている案件が双方にとって良いのか悪いのか、プロジェクトを進めていいのかダメなのか、明示的な了解や賛否がない状態で「空気を読んで行動する」ことを求められ、疲弊することもあります。寝ているときまで、緊張が抜けないときがあるほどです。

もちろん、そういった日本人特有のマナーや暗黙のプロトコルを十分に理解していれば、その作法に沿って振る舞えばいいだけのことも多く、お作法を理解した集団の内側の人間として認めてもらえさえすれば苦労が少ないというメリットもあります。

ただ、観光客であれば多少マナーやルールから逸脱しても白い目を向けられるだけで済みますが、日本に適応して暮らしていく必要がある身としては、規則の多さ、はっきりとした意思表示よりも「察する」ことを求める日本の慣習は、生きづらさにつながっていると感じる部分もないではないのです。

日本の大都市は世界有数の規模、人口密度ですから、その中でたくさんの人がともに暮らすには細かなルールがあるからこそ成り立っているのだろうとも思います。日本の良さと息苦しさは、表裏一体なのでしょう。

私の子供たちを通わせている公立の保育園に関しても、同じことを感じます。やはりのすごくルールに細かく、子供をお迎えに行くと先生がリストを揚げて「これはこうしてください」「明日はこれを持ってきてください」「くつしたはこう」「おふとんはこう」と無数の指示が飛んできます。これには勘弁してほしいと何度も思いました。

でも、その細やかさはカリキュラム設計にも反映されていて、我々にメリットも与えてくれます。保育園の先生方はただ子供の面倒を見るだけでも目が回るほど大変なはずなのに、日々新しいアクティビティを考え、子供たちがクリエイティブな作品を作る機会を用意してくれます。まだそんなに何かをうまく表現できるはずがない年齢の子供たちでもそれぞれに個性を表現でき、達成感を得られるような工夫をしてくれます。

その丁寧さは、一方では保護者にとっては困り果てるほど面倒くさく、他方では保育士のみなさんが親身になって子供の成長を考えてくれるあたたかさに結実していると言えます。ですから、保育園がしてくれていることを思うと、「これだけしてくれるのだから、こちらもがんばらないといけないのかな」と感じるようになりました。もちろん、もう少し日々のオペレーションを簡素化し、ルールも柔軟に運用してもらいたいという気持ちも依然としてあります。

私が一番困っていることは、日本のいきすぎた暗黙のルールやしきたりに苦慮し、それが自然ではないからやめた方がいいと思うことがある傍《かたわ》ら、それがどうして必要なのかも同時にわかってしまう点です。それによって、さまざまな古くからのしきたりに、NOと言えないでいる――つまり了承しているのです。

しかし、話を戻しますが、空いている電車の中で誰も座っていない優先席に座った人がプレッシャーを受けるような状況は、ほとんどハラスメントだと思います。このようないきすぎたルールは、明文化されているものにしろ暗黙の了解にしろ、見直すべきです。

ジョージアに観光やビジネスで訪れたり、移住してきたりした日本人から「これまで日本で感じていた、目に見えなかったプレッシャーから解き放たれた」という話をよく聞きます。ジョージアは役所での法人登記や銀行での口座開設なども日本と比べてはるかにシンプルかつスピーディに行うことができます。日々の暮らしで求められるルールも簡素です。

おそらく日本社会をもっと開放的にしたいという気持ちは、みなさんお持ちのはずです。でも同時に、きっと、何か説明のつかない不安も心の中にあるのでしょう。これまでの流れ、蓄積があるがゆえにルールを変えるのがこわい、あるいは日本社会の高いレベル、モラルを維持するためには簡単に変えられないという気持ちもわかります。

しかし、少しだけでも意識的に緩和していったほうがいいと私は考えます。なぜなら社会にルールがあるのは、人間の生活をよりよくするためだからです。そこで手段と目的が逆転して、ルールを守るために人々が疲弊するような厳しい制限を強いるのは本末転倒です。複雑な努力を強いることを目的化せずに、みんなが人生を楽しめるように、という視点を持って生活を見直していくとよいのではないでしょうか。日本はどの国よりも正直な国民が多く、しっかりしており、外国の人たちからも信用されています。少し肩の力を抜いてもいい。不安があっても緊張をゆるめて、手放してみてください。

もっと風通しの良さが増せば、日本は外国人にとっても、日本人のみなさんにとっても、より魅力的な場所になるはずです。

日本が変わるためにやるべきこと

一方で、最近は日本が少し動いてきている気がします。少し顕《あら》わになってきている気がするかというのも、外国人に対する抵抗が社会の中で、少し顕わになってきている気がするからです。これに関しては、自分が外交官の青ナンバーの車に乗っていると、感じるものがあります。まわりから、外国の人というだけで以前よりも当たりが強いと感じる場面が増えました。一度などは、イライラした方が「どこの国の車だ！」と怒鳴《どな》り、車に乗り込んできた事件もありました。

この傾向の背景には、いくつかの要素があると私なりに考察しています。ひとつは、日本が人口減の問題を抱えていることです。日本は人口減によって、働き手を見つけるために外国人を迎え入れる体制を作らなければならないという現実が突きつけられています。その問題を解決するためには、外国人との共生がひとつの現実的な選択肢です。一時は鎖国さえしていた日本にとって、外国人のために何かを譲ったり、調整したりすることは極めて心理的に不憫《ふびん》なことであります。

そして、その問題をより顕著にしているのが、目立つ外国人の帰化だったり、また外交レベルでLGBTを押しつけたりする姿などであると私は捉えています。

ここでとても大切なことを言いますが、日本人は日本人の考え方を理解して、日本に価値をもたらすような人に対しては決して厳しいわけではないのです。むしろ、そのような人たちは、内心受け入れても良いと考えているに違いありません。それは、人物名の列挙はここでは控えますが、スポーツや学術の世界で活躍している外国人を見れば一目瞭然です。ただ単に、日本人になりたいから日本人になった、というだけでは説得力がなく、自己実現をする過程として日本国籍を取得した人は大いに日本社会では歓迎されるのではないでしょうか。

まさに今、日本はさまざまな価値観を見直そうとしている段階に入っているのだと思います。外国人に対する抵抗の感情が高まっているのは、実はそのような煩悶《はんもん》の表れで、新たなる時代の価値観を準備している段階に入っている裏返しであると私は信じています。

そして、実はここにきて、これまで当たり前だった多くのものが指摘されるようになりました。もしくは単に「闇」と言っていいかもしれませんが、ジャニーズ問題、宝塚問題、相撲の宮城野親方の処分、吉本問題など芸能界でも既存のあり方が自然の流れで見直されている傾向がある気がします。これらの多くのことは、実は連動していて、時代の変化を映し込んでいると私は思います。

これらの価値観の問題に関しては、結論としては、日本は日本の社会を尊重できてそれをより良くできる力のある外国人は受け入れていくべきであると考えます。無論、そのような土壌はできていると感じます。だからこそ国民感情としては、ネガティブな方面ばかりを見つめるのではなく、そのもたらしうる恩恵をしっかりと理解して寛容になる心構えこそが、日本社会の発展に寄与すると思っています。

もちろんこれは、この本が一貫してそうであるように、私の外交官としての提唱ではなく個人的なささやかな感想です。これまでの経験から考えた、より良い日本になるためにはどうしたらよいかという意見のひとつとして読んでいただければと思います。内政干渉だと言われてしまってはいけないため、念のためご了承ください。

日本とジョージアに共通する死生観「人生は儚い」

日本人がこれほどまでに何事にもがんばって取り組むのは、死生観が関係していると思います。日本は資源が乏しい国のひとつだからこそ、資源がないところから経済を生み出すためにテクノロジーを発展させてきましたし、資源を輸入してもの作りをして輸出するという加工貿易に力を入れてきました。こうした体制を実現し、強みにするためには、ひとりひとりが長いスパンでひとつのことに没頭し、集中して取り組む必要がありました。その根底には強い動機があったはずです。人々が生きる動機の根源には、死生観に関わるものがあると思います。

日本には「人生は儚い」という言葉があります。すべての人間には死が待っている、人生は長いようで短いものだ、ということですね。しかしこの言葉を多くの日本人は「儚いのだから好き勝手に、適当に生きればいい」とは受け取りません。「短く、移ろいやすいものだからこそ、大切にしなければいけない」と捉えます。死という絶対的なものを意識するからこそ、この人生で何かを残し、成し遂げたいと思うのです。

特に第二次世界大戦を経験した世代や、その悲惨さ、過酷さを口伝で聞いた世代は、簡単に人命が失われることのない社会、子供や孫の世代が安心して暮らせる社会を目指して必死に働き、経済成長を実現しました。世が無常であることをよく知っているからこそ、繁栄を築き、維持できたのです。

ジョージアにも「人生は儚い」ということを言い表した「ツティソペリ」――直訳すると「1分の村」――という言葉があります。人生は一瞬にして過ぎ去るものだ、という意味が込められています。ジョージアは周囲からの侵略の脅威《きょうい》にさらされてきた歴史を持つ国です。いつ攻め込まれて死ぬかわからないなかで、家族や友人、国を守るのだという強い思いを抱いて生きてきました。ぼーっとしていたら人生はあっという間に終わってしまう、そうでなくとも突然戦争が起こって死ぬかもしれない。だからこそ人生とは何かを考え、感じ、それぞれの人間がやりたいこと、やるべきことに真摯《しんし》に取り組もう、という思想があるのです。

ツティソペリとは、ジョージアの生活に必ずまとわりついてくる概念だと思います。それはまるで「人生は有限なんですよ。細かいことで争うより、隣人を大切にしたほうが良いですよ。良い思い出こそ、心に残るのですよ」と語りかけてくる気がします。ジョージアの文化の中枢には、スプラというものがあります。スプラは多くの人が集い合ってタマダという宴会長を中心に繰り広げる、ワインを飲む儀式です。私はいつもスプラを日本の茶道と比較して「ワイン道」と称しています。まさにこのスプラの中でも、人生をテーマに多くの議論がなされます。

ジョージアが厳しい環境に置かれ、クリエイターたちが宇宙レベルのエネルギーを投じたからこそ、合唱や文学など、数々の奇跡的な文化が生まれてきました。同様に、日本の近代文学や製造業のもの作りにも歴史的経験が国民に及ぼした強い影響があります。人間は、ただ訓練しただけでは、優れた製品や作品、文化を作りあげることはできません。その背景には国家としての体験、人々が味わってきた艱難辛苦《かんなんしんく》や日々の喜びから育まれた死生観があります。

日本人の死生観は、他者に対するやさしさにもつながっていると私は考えています。日本は何より「人」がすばらしく、心が広い。

私の人生において、信じられないほどのやさしさを与えてくださった大切な方として、角谷哲司先生がおられます。本書の冒頭で述べました通り、私の父が日本に留学するきっかけとなり、一家が日本で暮らせるようにあらゆることをしてくださった、広島の産婦人科の先生です。角谷先生は、もともとは特別の興味もなかったであろう一共和国であるジョージアから、言葉もろくに通じない学生夫婦を呼んで面倒を見たのです。誰かに頼まれたからといって、お金ももらわず、むしろ私財を投じてそんなことをしようという人が、一体どれほどいるでしょうか。

おそらく先生が限りないやさしさを私たち一家に注いでくださったのは、若き日の原爆体験があったからでしょう。角谷先生は太平洋戦争中に県立広島第一中学校（現・国泰寺高校）の生徒でした。旧制一中といえば将来を嘱望《しょくぼう》される優秀な学力を持つエリートが通う学校ですが、そんな一中の生徒も学徒動員され、兵器工場での労働に従事し、建物疎開の作業を命じられていたそうです。建物疎開とは、アメリカから空襲を受けた際に消火活動などがしやすいよう、建物を強制的に取り壊すことです。

しかし、日曜日も動員されて生徒たちが疲弊しきっていると感じた一中2年の担当教員が、軍に抵抗して「8月6日月曜日は自宅修練（＝休み）とする」と決めました。このために、若き日の角谷先生を含む2年生は広島に原爆が投下された1945年8月6日、勤労動員に向かわずに済み、爆心地から離れた山のほうにいた角谷先生は難を逃れたのです。なんという偶然でしょうか。

土橋で行われた建物疎開に予定通り向かった上級生の3年生たち約40人は全員が亡くなり、広島一中全体では、生徒と教職員ら約370人が原爆で亡くなりました。先生は1週間後に学校に向かうため広島市の中心部に入り、その惨状を見て大きな衝撃を受けたそうです。

私も2008年8月、大学時代の夏休みにジョージアに帰国していた際に、ロシアがジョージアのツヒンワリ（南オセチア）に軍事侵攻を開始し、街中を横切る戦車をこの目で見ました。日常や美しい風景が簡単に壊されてしまう恐ろしさは、今の私の価値観や仕事にも少なからぬ影響を与えています。戦争体験は間違いなく人間の人生観、生き方に深く刻み込まれます。

原爆体験を経て角谷先生は医学の道に進み、また、遺伝学の研究者として世界各地に赴いておられました。そして、やはり研究者でトビリシの大学教授だった私の祖父と、1978年に旧ソ連で開催された国際学会で知り合ったのです。1984年に角谷先生はトビリシの大学に講師として招待されて祖父と再会したのですが、そのとき祖父は自宅に招いた角谷先生に「よかったらうちの息子を日本で学ばせてくれ」とお願いしたそうです。

しかし、当時ソ連の一部だったジョージアでは郵便は不自由で、日本との国交もなかったがために電話も通じず、そこから数年間、音信不通になってしまいました。普通はそんな状態が続けば、頼まれた側は忘れてしまってもおかしくないと思います。ところが角谷先生は東ドイツの学会に向かう飛行機のなかで、たまたま隣席に座っていた広島大学の教授がジョージアの首都トビリシに向かうことを知り、その方にご自身の連絡先を託《たく》し、私の祖父にコンタクトを取ってほしいとお願いしてくださったのです。

これをきっかけに角谷先生と祖父との文通が再開し、1992年には父の日本留学が実現しました。私の祖父が自分の息子（私の父）の留学のために必死で手を尽くした、というなら当たり前の話ですが、驚くべきことに、何年も前にお願いされた角谷先生のほうから働きかけてくださったのです。

おそらく角谷先生はご自身の戦争体験から、人が学びたいことを学ぶことの大切さや、いつ関係が途絶してもおかしくないからこそ人と人との縁を大事にするという価値観をお持ちだったのだと思います。

広島にやってきた私の父母を受け入れた角谷先生は、あらゆることに不自由がないようにしてくれました。父が盲腸になったときには手術の案内をしてくれましたし、母は私の弟を角谷先生の産婦人科で出産しました。また、私が小学校に入るときにはランドセルを買ってくださいました。当時父母にはお金がなく、私が入学する直前までランドセルを用意できなかったのです。ですから角谷先生がプレゼントしてくださったときに私は飛び上がるほどうれしく、初めてランドセルを背中にかけたときの感触、あの喜びは、一生忘れられません。

ジョージアは当時非常に貧しい国でしたから、留学生が日本で生活していくにあたっては金銭的な苦労もありました。そんな私たち家族に、角谷先生はお金の面でも精神的な面でも、なんの見返りも求めることなく献身的に支援してくださいました。これは普通のことではありません。

メディアで取り上げられる慈善活動家、篤志家には、自らの実績をアピールするタイプの方もいます（もちろん、たくさんの人に活動を知ってもらうことが重要な場合も珍しくありませんし、支援を宣伝する行為を否定しているわけではありません）。

それに対して角谷先生は誰にアピールすることもなく、ただただ善意で私たちに対してやさしさを与えてくれました。まだ小さかった私の心の深いところにまでそのやさしさは浸透し、今でも自分の一部として残っています。角谷先生もご高齢になり、私の父母や弟も日本におりませんから、家族で直接お目にかかる機会はなかなかないのですが、今でも時折連絡を取っていますし、家族はみな、ずっと感謝し続けています。

私の祖父は学ぶことの大切さを父や私によく説いており、日本の進んだ科学、豊かな研究環境を求めて父を留学させました。しかし私たち家族にとっては、父が広島大学から得た博士号以上に、角谷先生が与えてくださった日本人のやさしさこそが、もっとも価値あることだったように感じます。

私もいつか誰かに同じようなやさしさを与えたいと思います。そのためにも、まずは成長して、成すべきことを成さねばならないと思います。今の世の中には、世の中を変えた大きな影響力を持った人がたくさんいます。もちろん私はそのような人たちに憧れます。ただ、角谷さんのように、無性の愛によって他人の人生をここまで変えた人たちがいることを忘れてはなりません。そんなことができたら、それ以上に大きなことはないと思います。

本文でも少し触れましたが、ジョージアの中高年世代は黒澤明、川端康成、安部公房など、日本の映画監督や小説家についてよく知っています。川端は茶道をはじめとする日本ならではの美意識、美感をテーマに書いてきましたが、それらに憧れを持っている女性は少なくありません。ジョージア人に日本に対する印象を聞くと、このような作家や文化的な要素が挙がります。若い世代はアニメ、マンガが好きな人の方が圧倒的に多いですが、やはり日本といえば何よりもまず「文化」が関心の対象なのです。おそらくジョージアも文化や伝統を大切にする国だからこそ、ユニークな日本文化に関心を抱くのだと思います。

逆に先日、衆議院議員の平将明先生とお食事する機会がありましたが、ラグビーの話題をきっかけに「私はジョージアの死生観が好きなんですよ」というお言葉をいただきました。ジョージアのラグビー代表選手のユニフォームには、背中にブドウの枝の絵が入っています。これはかつてジョージアの兵士が戦争に向かうときに、ブドウの枝を背中に差していたことに由来します。なぜかというと、自分が戦地で死んだとしても、そこにブドウの木が生える。そのブドウの木は戦死した者がそれまで生きてきた証となり、ワイン作りを八千年前から行ってきたジョージアの象徴がその地に遺る――ということです。

平先生はここから「『死んだら終わり』ではない」という思想が、日本とジョージアに共通している、とお話しされました。たしかに、ブドウの枝の逸話は、たとえ戦死してもブドウの木に生まれ変わって生き続けるという思想と捉えることができます。日本には死後の生まれ変わりを信じている人もおられますし、輪廻転生を信じていなくても「亡くなって成仏したあとも天国から遺された人たちを見守っている」といった感覚を持っていたりします。

人間には死という絶対的な限界があり、だからこそ私たちはどのように人生を組み立てていくのか、命をどう使うのかを真剣に考えて日々を生きています。と同時に、ジョージア人も日本人も、死をもってすべてが終わるのではなく、ある意味では命が続いていく、後世に想いが託されて継承されていくというストーリーを信じているように思います。

このような共通点があるからこそ、ジョージア人は日本に親しみを抱き、また、ジョージアを知った日本の多くの方が関心を抱いてくださり、友人関係が生まれやすいのではないでしょうか。

最後にささやかな提言があります。

私はこれまで多くの日本文化に触れてきました。しかし、それを書いたはずのこの原稿を読み返してみると、なんだかさっぱりしていて、物足りない気がしてきました。物足りないどころか、ほとんど何も書けていない気がするくらいです。

それはなぜかというと、小書で紹介しきれないほど日本の文化がたくさんあるからです。そもそも、まだ私が体験したことのない日本の文化からしてたくさんあります。例えば、歌舞伎《かぶき》、能《のう》、人形浄瑠璃《にんぎょうじょうるり》などのいわゆる伝統芸能がそうです。また、私が存在さえ知らない日本の文化や伝統もこの列島には多く潜《ひそ》んでいると想像します。地方特有の伝統舞踊には、多くの日本人さえ知らないものもあることでしょう。最近でも、熊本県山鹿《やまが》市への訪問で山鹿灯籠《とうろう》やその祭り、あるいは八千代座《やちよざ》の諸文化に触れた際に、こんな文化があったのかと言わんばかりに強い衝撃に駆られた記憶が新しいです。

私はしばしば「日本の文化が衰退しないようにするにはどうすればいいか」と問いかけられます。私は同じような心配をジョージア文化に関して抱くことがあります。「文化を風化させたくない、衰退させたくない」――世の中がグローバル化し、情報化し、どうしても世界で統一的な規格が流行《はや》る中で、国の軸に固有の文化を持つ国々がそのような懸念を抱くのは至って自然な流れではないでしょうか。私だって、ジョージア音楽の音節ひとつや詩の言葉ひとつさえ、なくならないでほしいと思います。これだからジョージア人で良かったと思える気持ちを、後世のジョージア人にも感じてもらいたいのです。しかし、現状をみると、自分が思っている形で自分が嗜《たしな》んだ文化を保持していくことは、極めて難しいと思わされます。

そういった極めて貴重な文化を、どうすれば失わずにいられるかをこれまで考えてきました。ひとつの答えは、放任することです。なぜなら、文化は渇望《かつぼう》する気持ちの中で生まれた究極のものであると思うからです。だからこそ、余計な介入は必要ないとも言えます。これからの世代の人間がそれを必要とすれば、きっといい形で文化を発展させ継承してくれると信じています。何にせよ、その文化が継承されるかどうかによってその文化の力を測ることができます。文化だって弱肉強食です。世代間で大きく感覚は変わってきますが、本当の文化はきっと残っていくものだと思います。

そして、もうひとつの答えがあります。これは私たちにできることです。それは何かというと、異文化交流をすることです。例えば私は、ジョージアの文化が日本で認められることに、大きな意義があると思っています。隣の芝生は青く見えると言いますように、人間は普段から自分にないものの方が美しく見えるのです。ジョージア人からすると、日本は憧れの国です。そうすると、ジョージアの文化が日本で流行っているのを見ると、認められた気持ちになり大いに励《はげ》みになるのです。日本人もそうですよね。外国で日本の文化が楽しまれている姿こそが「日本文化再発見」につながるのです。そして、互いに刺激を受けながらまた文化が発展していくのです。だからこそ、これからの時代は国境を跨《また》いだ人や文化同士の交流が大きな流れを生むと思います。私は実はこんな一心でジョージアと日本の交流を推進しているのです。

前著『大使が語るジョージア　観光・歴史・文化・グルメ』は日本人にジョージア文化のすばらしさを知ってもらうために書いた本でした。本を通じてジョージアに関心を抱く日本人が増えれば、観光やビジネスのためにジョージアに赴き、あるいは日本にやってきたジョージア人と出会って、ジョージア人に対してジョージアのすばらしさを語る日本人が増えるでしょう。すると日本人に褒められたことによって、改めて自国の魅力に気づくジョージア人も増えていきます。このような好循環を作りたいという想いもありました。

対して本書は、日本の魅力について日本人のみなさんに改めて気づいていただきたいという気持ちから書きました。日本を内外両方から見ることができる私の視点を通じて、日本のみなさんに日本の良さ、面白さを知っていただき、もっと誇りを持ってもらえたらと考えています。

日本人はとかく日本を卑下しがちですが、現在の世界情勢において、各国の日本への期待は決して小さくありません。果たせる役割も非常に大きいです。第二次世界大戦で敗戦国となったことで、日本は国際政治上、窮屈な状況に置かれました。しかしそこからテクノロジーを急速に発展させ、自動車産業をはじめ製造業で世界をリードする企業を生み出し、経済的に支援される側から他国を支援する側に立ちました。これだけでも世界の近現代史上、驚異的な達成です。しかも日本はどんな国に対しても対等に、友好を前提に付き合ってくれる国として、さまざまな途上国、新興国から評価されています。ほかの大国とは良い意味で振る舞い方が違うのです。

国内では日本政府による海外への支援や投資を「バラ撒きだ」と批判する声も一部にあります。しかし支援・投資を受けた側からは、日本は自国への過度な利益誘導もなければ内政干渉もせず、西側先進国由来の価値観を押しつけることもない、フェアで相手を敬う姿勢を兼ね備えた国として支持されています。また、日本は憲法9条の存在が象徴するように、先の大戦での経験から平和に対する想いがきわめて強く、軍事力を背景に他国に圧力をかけることがない国としても信頼され、ガザであれ北朝鮮であれ、どんな国・地域へも分け隔てなく人道支援する姿勢が賞賛されています。

日本のこのようなポジションは、ものすごく貴重なのです。たとえば日本のパスポートはほとんどの国にビザなしで行ける、世界でもっとも優秀なパスポートです。これは日本が幅広く世界各国と外交、対話ができることの証です。

ですから激しく動く世界情勢の中で、今後もほかの大国に振り回されず、ブレずにしっかりと振る舞い、存在感を発揮してほしいと思います。そのためには、政治家や官僚、ビジネスパーソンだけでなく、日本に住むみなさんが日本のアイデンティティを見つめ直し、深い歴史を持つ文化・伝統に愛着と自信を持つことが必要だと私は考えます。自分たちの歴史、文化、強み、価値を深く理解しているからこそ、ほかの国や地域がそれぞれに持つ価値の独自性を理解・尊重し、お互いに活かし合うことができるのです。このようなことは、誰かひとりが努力しただけでは実現できません。国民ひとりひとりの行動が大切なのです。

もちろん私自身、ジョージアと日本両国の価値を両国民に伝え、また、国際社会に広めていくことに、今後も力を尽くして参りたいと思っております。

最後になりましたが、ここまでお読みいただき、誠にありがとうございました。日本とジョージアのますますの栄光を祈念して、ガウマルジョス！

日《に》本《ほん》再《さい》発《はっ》見《けん》

二〇二四年 四 月二二日 第 一 刷発行

著　者　ティムラズ・レジャバ

発行者　太田《おおた》克史《かつし》
編集担当　片倉《かたくら》直弥《なおや》
構　成　飯田《いいだ》一史《いちし》

発行所　株式会社星海社
〒一一二-〇〇一三
東京都文京区音羽一-一七-一四　音羽YKビル四階
電　話　〇三-六九〇二-一七三〇
FAX　〇三-六九〇二-一七三一
https://www.seikaisha.co.jp

発売元　株式会社講談社
〒一一二-八〇〇一
東京都文京区音羽二-一二-二一
(販　売)　〇三-五三九五-五八一七
(業　務)　〇三-五三九五-三六一五

印刷所　TOPPAN株式会社
製本所　株式会社国宝社

アートディレクター　吉岡《よしおか》秀典《ひでのり》(セプテンバーカウボーイ)
デザイナー　榎本《えのもと》美香《みか》
フォントディレクター　紺野《こんの》慎一《しんいち》
図　版　ジェオ
校　閲　鷗来堂《おうらいどう》

ISBN978-4-06-535471-1
Printed in Japan

291
SEIKAISHA SHINSHO

次世代による次世代のための

武器としての教養
星海社新書

星海社新書は、困難な時代にあっても前向きに自分の人生を切り開いていこうとする次世代の人間に向けて、ここに創刊いたします。本の力を思いきり信じて、みなさんと一緒に新しい時代の新しい価値観を創っていきたい。若い力で、世界を変えていきたいのです。

本には、その力があります。読者であるあなたが、そこから何かを読み取り、それを自らの血肉にすることができれば、一冊の本の存在によって、あなたの人生は一瞬にして変わってしまうでしょう。思考が変われば行動が変わり、行動が変われば生き方が変わります。著者をはじめ、本作りに関わる多くの人の想いがそのまま形となった、文化的遺伝子としての本には、大げさではなく、それだけの力が宿っていると思うのです。

沈下していく地盤の上で、他のみんなと一緒に身動きが取れないまま、大きな穴へと落ちていくのか？　それとも、重力に逆らって立ち上がり、前を向いて最前線で戦っていくことを選ぶのか？

星海社新書の目的は、戦うことを選んだ次世代の仲間たちに「武器としての教養」をくばることです。知的好奇心を満たすだけでなく、自らの力で未来を切り開いていくための〝武器〟としても使える知のかたちを、シリーズとしてまとめていきたいと思います。

2011年9月

星海社新書初代編集長　柿内芳文

SEIKAISHA SHINSHO